Préface

Tintin au Tibet, 8 000 mètres, l'edelweiss, Messner ou l'Everest ; finalement tout peut être mythe. Chacun y met un peu de sa vie, beaucoup de son inconscient, parfois de ses peurs, mais aussi du sens à son parcours. *Mythologies Alpines* raconte, à sa manière, un peu chacun de nous.

J'aime à penser qu'un mythe fait rêver, emmène dans un imaginaire ponctué d'extraordinaire, de fabuleux, de légendaire. Un mythe ne se voit pas, est irréel, sonde l'inconnu, interroge le virtuel. Ce virtuel qui attire, aspire et peut mener dans des tempêtes d'amour ou des chevauchées de haine ; mais peut aussi faire tomber ou plonger dans la désillusion.

On me demande de parler d'Everest, bien sûr. Mais impossible de connaître ni de comprendre les douleurs de ces hommes et de ces femmes devenus des héros à travers leurs réalisations. On tente d'imaginer mais comment approcher la réalité, leur réalité. Chacun y projette la sienne. Mon chemin de vie m'a emmenée au sommet de la plus haute des montagnes, poussée par une nécessité vitale dont j'ignorais alors le sens. Puis j'ai vécu la difficulté d'avoir touché un mythe. Entité inaccessible qui, un jour, a été là devant moi, puis sous mes pieds. Il a fallu redescendre, comprendre et continuer de vivre.

Comme un chemin de guérison qui s'illumine tout d'un coup : mon mythe d'Everest sera utile, il aidera. Mon Everest accompagnera celui des autres. Celui de ceux rattrapés par la maladie, concrète, subie, moche, sale, dégradante.

La force du mythe de l'Everest comme lueur de l'espoir.

À chacun son Everest comme une évidence.

À tous les enfants malades, pour réaliser le plus beau des mythes : celui de la vie.

Christine Janin

Première française au sommet de l'Everest (1990)
Fondatrice et directrice de l'association À chacun son Everest

Avant-propos

« Qu'est-ce qu'un mythe, aujourd'hui ? Je donnerai tout de suite une réponse très simple qui s'accorde parfaitement avec l'étymologie : le mythe est une parole. »
Roland Barthes, Mythologies. Seuil, 1957.

J'ai 20 ans. L'alpinisme et l'escalade constituent mes préoccupations essentielles. Depuis longtemps déjà, quelques personnages de l'Alpe et de l'Himalaya hantent mes rêves d'aventure. En quittant ma plaine natale, j'ai plongé au cœur de ma mythologie. Du Mont-Blanc au Verdon, de La Grave à Monaco, des montagnes et des grimpeurs alimentent désormais mon quotidien et influencent mon mode de vie. Les idées et les projets s'entrechoquent et se renouvellent au fil d'une actualité faite du bonheur de grimper et de fouler les traces des aînés autant que de s'en affranchir. En choisissant de faire de la montagne ma vie, je me suis immergé dans cette histoire qui s'accélère. Dans la même semaine, j'écoute René Desmaison raconter sa face sud du Handoy à *Connaissances du Monde*, je m'enthousiasme pour l'esthétique renversante de Berhault dans son *Dévers* avant de filer vers l'Oisans tester un mental tout neuf dans quelques obscurs couloirs de glace. Avec *Alpinisme et Randonnée* (pas encore *AlpiRando*) puis *Montagnes Magazine*, un vent de fraîcheur souffle sur la presse montagne. Je lis toutes les pages, y compris celles des petites annonces. *Passage, cahiers de l'alpinisme* propose un autre ton pour écrire la montagne, la présence d'Edlinger nous surprend dans *Actuel*… autant de lectures qui distillent inconsciemment un sens à notre manière de grimper. Grimpeurs et alpinistes s'affranchissent délibérément des codes académiques.

J'ai 20 ans. Pour la première fois sous la Ve République la gauche va accéder au pouvoir et je prépare un diplôme très « socio-Q ». La sociologie nous demande d'affûter notre regard sur le monde qui nous entoure. Roland Barthes vient de mourir renversé par une camionnette au sortir d'une conférence.

J'ai 20 ans. Je viens de lire *Fragments d'un discours amoureux* – pensant y trouver de quoi apaiser quelque peine de cœur – et m'attaque à *Mythologies*. J'appartiens à une génération que l'intellectualisation du steack-frites, de la DS ou de l'abbé Pierre amuse à défaut d'en percevoir totalement la portée. Au-delà d'une critique politique de la société, ces ouvrages nous donnent une vision sémiologique de nos quotidiens, tel Monsieur Jourdain…

Je n'ai plus 20 ans et mon innocence de grimpeur est loin. En réponse à l'injonction de l'écrivain Jérôme Garcin « Nous conseillons donc au lecteur de ces *Nouvelles Mythologies* d'y ajouter les siennes[1]» j'interroge mes mythes alpins. Manière à peine voilée d'esquisser quelques réflexions sur la sempiternelle question des hauteurs : à quoi répondons-nous en gravissant les montagnes ? Car au-delà de savoir si l'alpinisme lui-même fait mythe, s'interroger sur les lieux, les montagnes, les parois, les grimpeurs, les récits et les images qui font mythes dans notre propre panthéon, éclaire étonnamment nos motivations d'alpiniste et nos rapports à la montagne. Avec quelle force et surtout comment résonnent certaines figures emblématiques incontournables (Messner, Rébuffat, Desmaison, Berhault, Edlinger), les récits fondateurs (*Annapurna Premier 8 000, Les Conquérants de l'Inutile, Les 100 plus belles*), les objets de légende (le piolet, l'edelweiss, la corde), au sein de notre milieu si prompt à se réclamer davantage d'une culture que d'un sport ? Comment s'articulent certaines occurrences omniprésentes (l'altitude, « la zone de la mort », *Pour la patrie par la montagne*, la pureté, la virginité) dans notre mémoire collective et pourquoi influent-elles notre manière de grimper à défaut de nos choix de vie ?

[1] Nouvelles Mythologies, *Seuil, 2007. En avant-propos de son ouvrage rendant hommage aux* Mythologies *de Roland Barthes à l'occasion du cinquantenaire de leur publication.*

Projet ambitieux, préciserait un commentaire du topo Vallot ! Mais la cordée est riche de quarante plumes ! Et chacune a laissé filer un peu de son impertinence et de sa sensibilité. Chacune a accepté de « faire parler » un mythe alpin de son choix, nous offrant sa part d'analyse pour nous conter ou nous révéler le message qu'il sous-tend. Libre de style, chacune s'est efforcée de s'approcher de Barthes – jusqu'à oser le pamphlet ? – ou s'en est allègrement affranchie.

Peu à peu, *Mythologies Alpines* a dessiné un paysage : le nôtre.

François Damilano

Bernard Amy

8 000

Il y a quarante ans, le chiffre mythique de l'alpiniste était encore 4 000. On racontait que certains ascensionnistes s'arrêtaient à la cabane Solvay sans poursuivre jusqu'au sommet du Cervin puisque l'important était fait : ils avaient dépassé de trois mètres l'altitude mythique ! D'autres collectionnaient les 82 sommets de plus de 4 000 mètres des Alpes. L'un avait renoncé à une course au dernier moment parce que tout compte refait, il s'était aperçu que le compte y était !

Puis Messner est venu. Il a décrété que « la zone de la mort » se situait plus haut, au voisinage des sommets de plus de 8 000 mètres, et qu'il convenait désormais de collectionner les quatorze plus hautes montagnes du globe. Le chiffre mythique et le prestige qui lui est associé s'en sont ainsi trouvés multipliés par deux. Après le quatrième ciel, il fallait maintenant dépasser le septième, qui n'est qu'une antichambre, et entrer dans le monde sacré du huitième pour y puiser toute l'énergie du chiffre huit, lequel relie symboliquement la terre et en général l'humanité avec son prototype divin.

Il va de soi que, comme tous les mythes en charge de dire ce que les hommes ne savent pas dire sur leur monde, 8 000 est un pur symbole. Gros de la puissance du nombre rond – puissance arithmétique puisque 8 000 égale 20 à la puissance ternaire, puissance herméneutique puisque les chiffres ronds savent mieux que tout autre ordonner et structurer le monde – 8 000 représente un seuil, un limes, et donc une ligne imaginaire sans épaisseur sur laquelle on ne peut se tenir, que l'on ne peut que franchir.

L'altitude 8 000 mètres n'existe pas. On est soit au-dessus, soit au-dessous. Il n'y a pas de sommet de 8 000 mètres qui aurait la paradoxale propriété d'être un 8 000 sans entrer dans la prestigieuse liste des plus de 8 000 mètres. Nul ne s'est jamais arrêté à 8 000 mètres pile ! Et si un aventurier un peu fou s'est amusé à suivre de bout en bout la ligne imaginaire de l'équateur terrestre, aucun alpiniste n'a parcouru les morceaux de la ligne de niveau 8 000 mètres qui traverse l'Himalaya. 8 000 mètres n'est pas non plus une limite physiologique : on ne respire pas mieux et l'on ne meurt pas moins à 7 940 mètres qu'à 8 010 mètres.

Depuis Sigmund Freud, le mythe dit plus que les mystères du monde qui nous entourent et de ses origines. Il parle aussi de nous, de cette parole que nous nous retenons de proférer, et d'abord à nous-mêmes. Chiffre mythique, 8 000 est devenu un fantasme, le paroxysme géographiquement maximal du rêve de l'alpiniste : s'éloigner le plus possible des basses terres de la planète. Ce fantasme en cache deux autres, vieux comme le genre humain.

Le premier a depuis longtemps pris la figure légendaire d'Icare. Il s'agit, pour l'alpiniste, de vaincre la pesanteur, de s'arracher à la gravité (*Fight gravity* enjoignent les T-shirts vendus dans la vallée du Yosemite), et, comme Icare, de le faire par ses propres moyens (*By fair means*). On peut alors, en tournant le regard vers les sommets, se rêver oiseau, habitant du ciel.

Le deuxième vieux fantasme est celui qui, au cours de toute ascension, fait toujours à un moment tourner le regard, non plus vers le haut, mais vers le bas, pour se redire encore que l'on prend toutes ses distances possibles avec le genre humain. Les montagnes de la terre ne dépassant pas les 9 000 mètres, seul le huitième ciel permet de penser qu'à force de volonté on a mis entre soi et les hommes le plus grand écartement permis par la géomorphologie. Le degré ultime du rêve érémitique se situe au sommet du mont Everest où l'alpiniste se heurte au paradoxe bien illustré par Samivel : il y retrouve la foule de tous les Icare bien humains venus perdre de vue le monde des hommes trop familier et supposé imparfait.

Le fait de fonder une mythologie sur une altitude pose cependant quelques problèmes liés aux incertitudes de la mesure des dénivelées. Les physiciens le savent : toute mesure est entachée d'erreur. Pour être sérieux, une indication d'altitude devrait être suivie d'une estimation de la marge d'erreur. Ce n'est pas le cas des cartes utilisées par les alpinistes. Et puis les altitudes ne sont pas figées une fois pour toutes. Le niveau de référence, celui de la mer, est, dit-on, appelé à s'élever sans que le sommet des montagnes suive pour autant ce mouvement ascensionnel. Par ailleurs, la tectonique des plaques terrestres continue de pousser les cimes un peu plus vers le ciel, tandis que l'érosion les abaisse. Et ceci sans compter l'influence des intempéries qui élèvent ou rabotent la cime des montagnes au gré des saisons. Dans ce monde mouvant et en perpétuelle évolution que décrivait déjà le philosophe Héraclite, que peut représenter de fixe un nombre comme 8 000 ? Mais il est vrai que, si une mythologie se construit au fil des générations, elle est toujours vécue à l'échelle d'une simple vie d'homme. Pour le jeune homme ou la jeune femme qui découvre avec passion le monde de la montagne héroïque, tout se joue en une décennie. Une décennie ? À peine le temps pour les sommets de voir leur altitude changer de quelques pauvres centimètres !

De toute façon, l'alpiniste, par nature arpenteur des hautes terres de la planète, ne cessera jamais d'en mesurer les pentes, les parois et les sommets. Et parce qu'il est homme, il aura toujours besoin de symboliser les différentes limites de ses conquêtes à l'aide de l'apparente simplicité des chiffres ronds. Il doit seulement se souvenir que toute mesure est relative, donc arbitraire, et qu'il peut toujours décider d'en être l'arbitre. Comme le remarquait Reinhold Messner, il y a sur la planète 14 sommets de plus de 8 000 mètres parce que le mètre étalon est ce qu'il est. Il suffirait de le modifier, même légèrement, pour que l'univers de l'alpiniste change symboliquement de manière significative. Il est clair qu'une modification du mètre étalon entraînerait une révolution technique et industrielle que notre société mondialisée ne pourrait pas se permettre. Seule l'utilisation d'une autre unité de mesure permettrait l'agrandissement symbolique recherché.

L'utilisation du pied anglais ne convient pas : 8 000 pieds est une trop basse altitude, et le chiffre rond le plus proche de 26 246,7192 aurait une valeur symbolique faible. Une bonne solution serait de choisir une mesure la plus adaptée à la perception immédiate de l'altitude qu'a l'alpiniste s'élevant difficilement sur une pente et se disant : « Après ce pas, j'en fais encore deux ». Il s'agit du triple pas de montée (TPM) qui vaut 0,317 m x 3 et donc à peu près 0,95 mètres. Il correspond à une diminution de 5 % du mètre étalon, ce qui est peu mais n'aurait que des avantages :

– les « presque 8 000 » deviendraient enfin de vrais 8 000 ;
– le Shishapangma et surtout, pour nous Français, l'Annapurna cesseraient d'avoir le statut désobligeant de « tout juste 8 000 » ;
– tous les sommets dépassant les 7 600 mètres deviendraient des « plus de 8 000 », et l'on n'aurait plus à se contenter des ridiculement peu nombreux quatorze actuels ;
– l'Everest dépasserait les 9 300 TPM et permettrait ainsi à ses soupirants d'atteindre le neuvième ciel, le plus haut des neuf cieux bouddhiques, pour y vivre l'Éveil, d'ailleurs favorisé par l'hypoxie ;
– cerise sur le gâteau, la Meije entrerait dans le club prestigieux des 4 000.

L'alpinisme étant une activité par essence imaginaire, en théorie tout est possible pour l'alpiniste, même de mesurer ses montagnes avec une unité à sa convenance. Mais, même s'il s'éloigne de la terre des hommes, il reste soumis à la dure loi des hommes et aux systèmes de représentation du monde qu'utilisent ces derniers. Pour parler de l'altitude, la loi est celle des ingénieurs et des géographes. Ceux-ci ont choisi de faire en sorte que l'alpiniste ne puisse s'élever que jusqu'au huitième ciel. On peut le regretter. Mais l'alpiniste, lui, n'en a cure. Homme des hautes montagnes, il se sent symboliquement homme du ciel tout entier. Et, quelle que soit l'altitude, cela suffit à faire de lui un homme heureux.

Chercheur en sciences cognitives, alpiniste et écrivain, Bernard Amy préside l'Observatoire des Pratiques de la Montagne et de l'Alpinisme. Derniers ouvrages parus : *La réponse des hauteurs*, Libris, 2006. *L'alpiniste*, Attila, 2012.

Jean-Michel Asselin

L'Everest

Népal, Katmandou, le 30 avril 2012.

Apa Sherpa : 21 / Jeanmi Asselin : 0

Il est simplement vêtu d'une chemise blanche un peu froissée et d'un pantalon beige. Il pose devant une statue géante et dorée de Bouddha, dans cet endroit que les Népalais appellent « Bouddha Park ». Dans sa main défilent les billes d'un chapelet aux 108 grains. Un jeune homme le prend en photo. Je connais cet homme qui semble fragile et timide : Apa Sherpa est le mythe vivant de l'Everest. Il a gravi 21 fois la montagne la plus haute de la terre. Moi, jamais…

L'Everest : 27° 59' 18" nord / 86° 55' 31" est. L'Everest est une montagne de la chaîne himalayenne, haute de 8 848 m, parfois de 8 850 m. L'Everest est l'absolu, le définitif. L'Everest sépare (ou unit) les hauts plateaux tibétains et les vallées tourmentées du Népal. L'Everest est un nom, celui de George Everest, prédécesseur d'Andrew Waugh[1] qui honora son chef en apposant son patronyme à la montagne que les cartes réduisaient alors à un simple *pic B* ou *pic XV* ; que n'eut-il étudié d'anciennes cartes, comme

[1] *Vénérable arpenteur général britannique des Indes orientales, Andrew Waugh découvre l'altitude du* pic XV *en 1867 et imagine aussitôt le rebaptiser Everest. L'appellation ne sera officialisée qu'en 1875.*

celle de Bourguignon d'Anville qui, en 1733, pointait cette montagne sous le nom tibétain de *Chomolungma* ?

Chomolungma : un nom qui claque. Un nom dont la signification varie d'un tibétologue à l'autre : « Déesse la plus haute », « Déesse mère des vents » ? Une certitude : *Elle* vit là-haut ! Pour ne pas être en reste, les Népalais lui ont trouvé un nom en népali. Baburam Acharya a fabriqué *Sagarmatha* dans les années 60 « la Tête du ciel ». Une dénomination qui rappelle celle du « Toit du Monde », métaphore couramment utilisée pour éviter les répétitions excessives.

L'Everest fut gravi pour la première fois par le Néo-Zélandais Edmund Hillary et le Sherpa Tenzing Norgay le 29 mai 1953 précédant de quatre jours le sacre d'Elizabeth II. Claude Asselin, cuisinier à l'hôtel de Bourgogne à Chagny (Saône et Loire), achète une télévision pour regarder les cérémonies. Il est conscrit avec la reine. C'est mon père et j'ai un an. L'Everest est une cerise sur le gâteau d'Elizabeth.

1982 : sur une colline de 5 600 m d'altitude, le Kala Patar, je regarde l'Everest pour la première fois. J'ai mal à la tête et la femme qui m'accompagne fut l'amante du premier Français sur l'Everest (1978).

1989 : je participe à une expédition à l'Everest

par le versant nord. Pas de sommet (premier échec d'une longue série), mais belle histoire d'amour jusqu'à 7 300 m. Au passage, je découvre le cadavre de Maurice Wilson, pionnier de l'Everest décédé en 1938 sur la montagne. Qui lui a volé le bridge en or ? Qui a nommé son avion Ever Wrest ? Je ramène des cailloux de 8 400 m et je les distribue avec mon livre *Toit du monde* préfacé par Henri Laborit. Laborit, le scientifique « everestien » du système nerveux central. Après avoir lu son *Éloge de la fuite*, j'ai renoncé au combat social pour préférer celui de la glace et du rocher. Lors de cette expé, j'ai aussi rencontré un autre cinglé d'Everest qui y retournera trois fois avec moi : deux clampins de l'Everest, renonçant à 50 mètres du sommet. Je crois avoir déclaré à une thérapeute qui m'interrogeait sur le pourquoi de ma thérapie : « Pour mieux grimper et mieux aimer… »

L'Everest ? Qui ne s'en empare pas ? C'est le signe extrême. Tout peut devenir Everest : une course à pied, un livre, une pièce de théâtre (*Le soulier de satin*), un tableau, un morceau de musique (Rachmaninov), une figure pornographique, un discours politique, un plat cuisiné (le lièvre à la royale)… À chacun son Everest ! Paradoxalement son Everest, selon qui l'on est, peut être colline ridicule ou monticule. Peu d'importance. L'Everest donne l'idée du « plus » que l'on peut atteindre et qui sera son aboutissement : on ne dépasse pas l'Everest, jamais.

Parce que l'Everest est d'abord une altitude, l'Everest est une mesure : là-haut, celui qui se tient debout est le plus haut, achevant sur un tas de neige une ascension qui renvoie le reste du monde à une infériorité définitive. Gravir l'Everest est une sorte de gain au loto de la mégalomanie. Revenir du sommet, c'est affirmer sa distance éternelle avec le « très bas ». À ce jour, plus de 4 000 personnes ont gravi l'Everest, 300 en sont mortes.

L'Everest est le fruit de la convergence de la plaque indienne et de la plaque eurasienne. L'une glisse sous l'autre et, au fil du temps la croûte de sédiment d'une mer ancienne s'est retrouvée à tutoyer les étoiles. Des étoiles de mer aux confins du ciel.

L'Everest semble une pyramide, mais sans véritable vrai élan.

L'Everest prive les cerveaux d'oxygène même s'il y a autant d'oxygène au sommet de l'Everest qu'à Pornic (19,6 %). Les « everesters » ne devraient jamais faire une IRM de leur cerveau.

L'Everest rend con, probablement. J'y suis allé 5 fois et j'ai passé 11 nuits à 8 000 m. J'y ai perdu beaucoup d'argent, d'amis et d'amour. L'autorisation coûte 10 000 dollars et certains guides font payer 60 000 euros à chacun de leurs clients.

L'Everest fait croire à des êtres qu'ils sont des héros, et certains le sont.

L'Everest est le territoire du froid, du vent, du danger, des avalanches, des œdèmes, de la beauté et parfois des déchets. Un règlement stipule qu'au camp de base on ne peut brûler ni le papier toilette ni les cadavres.

L'Everest est le territoire des vanités, parfois des grandeurs. Il est bon d'en revenir, et plus tard, si Dieu nous prête vie, de raconter, mètre après mètre, combien le combat fut rude, et combien l'esprit sut triompher de la matière hostile. On a les batailles et les montagnes qu'on mérite.

L'Everest est le nom d'un site de poker, d'une bière, d'une boîte de strip-tease et de mon chien (en 1993).

Vous ne connaissez pas un gosse qui s'appelle Everest ?

Jean-Michel Asselin est journaliste et écrivain. Derniers ouvrages parus : *Les années montagnes, une histoire de l'alpinisme au XXe siècle*, Glénat, 2011 ; *Patrick Edlinger*, Éditions Guérin, 2013, Grand Prix du Salon du Livre de Montagne de Passy 2013 - mention spéciale.

Hervé Bodeau

La lampe frontale

Au début, la lumière des étoiles et de la lune.

Un jour (une nuit), la lanterne. Une lanterne pour tous. Le premier, le guide, la porte pour trouver son chemin sur la moraine, sur le glacier.

Fin du siècle dernier, une petite lampe sort des grottes pour conquérir les casques et les sommets. Très vite, aussi indispensable que ses mythiques cousins : piolet, crampons, corde…
Une lampe pour chacun… pour affronter l'obstacle de la nuit glacée dans laquelle il faut bien plonger, pour transporter avec soi un peu de la chaleur du refuge. Mais aussi des lampes qui indiquent le chemin et que suivent les indécis, des lampes pour être ensemble.

Nouveau siècle et nouveaux enjeux. À chacun son jeu. À chacun ses aventures.
Là-haut, la richesse du terrain est soudain révélée : escalade, alpinisme, cascade, freeride, speed-riding, VTT, trail…
Pour jouer, de nouveaux objets fétiches. Smartphones et GPS font tomber les barrières de l'es-

pace et du temps. Sur mon front, une petite prothèse de plus en plus compacte : ma lampe. Troisième œil qui va traverser la nuit. Passionné, exigeant, insatiable, je le programme, le personnalise. Pour mieux jouer. L'obscurité n'est plus un obstacle, elle m'appartient. À moi et à ma tribu, aujourd'hui serpent lumineux qui scintille vers le matin.

Une lampe pour être moi. Des lampes pour être nous.

Sous la lumière des étoiles et de la lune.

Hervé Bodeau est responsable de communication. Derniers ouvrages parus : *Déclinaison(s)*, jeux de textes d'inspiration oulipienne, JMEditions, 2012 ; *La promesse des profondeurs, l'aventure Petzl*, Éditions Guérin, 2012.

Sylvie Bonnet

Edlinger

C'est la modification des codes de ce que l'on appelait la varappe qui contribua à la construction du mythe d'Edlinger.

D'abord, la chevelure – ceinte d'un bandeau le plus souvent rouge – récurrence des médias. Des cheveux longs, indice du mépris des conventions et surtout, image de liberté, coiffure archétypale des guitare-héros et des Apaches, comme lui nomades des terres du Sud.

En tant que signe, cette coiffure possède une ambivalence qui résume de manière emblématique celle du mythe Edlinger. Indice contre-culturel qui renvoie tant aux courants hippies qu'aux icônes de la pop culture.

– Des courants hippies, il tient le rapport à la nature emprunté aux communautés traditionnelles, mais aussi un mode de vie fait de simplicité dont il partage une philosophie affichée, la géographie et l'iconographie – un corps bronzé et dénudé, une musculature fine, des cheveux longs et blonds, décolorés par le soleil – avec les surfeurs, ces autres adeptes des *sports californiens*.

– Comme les icônes de la pop culture, son art

repose sur ses doigts, soulignés tant par le titre de son film emblématique[1] que par les photographies de presse. Une virtuosité partagée, dont la rapidité est la garante.

Le lexique valide ce parcours sémiologique : titres de ses films et de ses livres *Opéra Vertical, Arrow Head, Rock Games*, noms de ses voies *Orange Mécanique, Are you ready ?, Maginot Line*, et surtout les termes *solo* et *roc(k)* – le premier relevant d'un processus analogique, précisant le second auquel il s'articule. Le *solo* cesse alors de signifier l'individualité et renvoie à la liberté générée par le refus des normes collectives (mais aussi du matériel). Le *roc(k)* se resémantisera délibérément comme en témoigne le titre de la revue dont Edlinger fut le rédacteur en chef : *Rock'n'Wall*.

Le système sémiologique irrigué – créé ou suggéré – par la contre-culture permit alors de vendre des barres énergétiques[2] ou du papier. Médiatisé comme une rock star, allusion facile utilisée par le quotidien *Libération*, le grimpeur trouve sa place dans les mensuels *New look* et *Play Boy* ; *Paris-Match* le déclare « personnalité préférée des français » ; de mauvaises fictions lui donnent un rôle – où il est parfois lui-même – des émissions de télévision en *prime* l'invitent en plateau, les films de grimpe lui font la part belle, les Césars le nominent. La consommation domestique d'images, favorisant

[1] La vie au bout des doigts, *Jean-Paul Jansen, 1982.*

[2] *«* Grany, un plaisir pur *» souligné de la signature Patrick Edlinger.*

alors l'appropriation individuelle, renforce la construction du mythe.

Cette mythologie exploitée et consommée est alors en contradiction avec elle-même, en raison de son paradoxe constitutif, et « Le Blond » fut sommé, en quelque sorte, de montrer que le *signe* ne l'avait pas emporté sur la *chose*. Cette querelle des anciens et des modernes a en soi contribué à nourrir le mythe, qui subit alors une modification de son économie. C'est la seconde ère de celui-ci, celle de la sportivisation. La prouesse se transforme en record, en logiques de rationalisation fort éloignées des philosophies et éthiques de vie, comme le signifie la rupture avec son double alpin, Berhault. Si le mythe survit et qu'il ne se dévalue pas en *légende du sport*, c'est parce que les performances frôlent l'exploit et que, derrière le sportif à l'entraînement scientifique, demeure le virtuose. Parce que le geste cultivé ne se transforme pas en gestuelle.

Mais surtout, c'est le retour d'entre les morts en 1995 qui fixa définitivement le mythe – et pas seulement par la dimension christique de l'épisode – et permit que seul l'esprit perdure par le retrait prématuré du haut niveau, résolvant ainsi l'insoluble paradoxe.

En bref, Edlinger est un double système sémiologique alliant modernité et rejet des lettres de cette modernité dont l'alliance antithétique contribua à faire entrer l'escalade française dans l'ère de l'escalade libre, offrant une mythologie à de nouvelles générations. Parce qu'il est particulièrement dense, le système de signes a réussi à intégrer les éléments contradictoires susceptibles de déroger à cette mythologie, en faisant des points d'étayage de celle-ci, le parcours du système de signes.

Valérie Bonnet est enseignant-chercheur en Sciences de l'Information et de la Communication. Ses travaux portent principalement sur la médiatisation du sport : *La culture sportive est-elle transmissible par les médias ?* in Questions de communication, 20, 2011.

Charlie Buffet

La rencontre

Les femmes, parfois, le prennent pour Zeus. Les femmes ont raison. Sous sa chevelure exubérante, barbe et casque fauves, il a l'air de descendre de l'Olympe. À l'époque contemporaine (circa 2000), il a su se faire une place dans l'Agora européenne sans renoncer à ce poil qui le signalait comme barbare en ce cénacle. Deux décennies auparavant, il s'était fait connaître avec des ascensions renversantes dans l'Himalaya, et déjà un bandeau écossais domptait la crinière – sa signature. Mais ce jour-là, seul dans une forêt du Tibet, le maestro marchait depuis trop longtemps loin des miroirs pour se préoccuper encore de son aspect physique. Le dernier village était si loin qu'il ne se souvenait plus quand il avait coupé sa barbe avec son couteau de poche. Grise de poussière, elle se confondait avec le reste de son visage et ses cheveux emmêlés par le vent. Quand il racontait ses aventures, le maestro avait le sens du détail et savait soigner ses entrées en scène. « Il était impossible de reconnaître en moi un Européen », écrivit-il.

La rencontre eut lieu un crépuscule de juillet

1986, peu de temps après qu'il eut atteint, avec son quatorzième et dernier sommet, la gloire. Le maestro éprouvait peut-être le flottement qui suit immanquablement les grands achèvements. Tandis que le couchant illuminait les sommets, il s'enfonçait dans la pénombre d'un sous-bois à la recherche d'un sentier. Lui seul peut décrire ce qui arriva : « Soudain, silencieuse comme une ombre, une grande silhouette sombre surgit devant moi au milieu des buissons de rhododendrons ».

Les deux créatures s'observèrent un instant, pétrifiées. Celle des deux qui dispose du langage put raconter que l'Autre fila rapidement parmi les buissons. « Elle avançait debout. C'était comme si ma propre ombre avait été projetée sur les taillis. » Le maestro se demanda par la suite pourquoi il n'avait pas pris de photographie. La raison nous souffle quelques explications logiques : il faisait trop sombre sans doute, le flash ne portait pas assez loin, ou encore l'Homme, paralysé par l'émotion, n'avait pas eu la présence d'esprit de sortir l'appareil du sac à dos pour immortaliser la Bête. Mais il y a beaucoup plus simple : on ne peut pas photographier un yéti – sinon, ce n'est plus un yéti. Raconter oui, dessiner pourquoi pas, photographier non. Le maestro, comme souvent quand il avait quelque chose à dire, appela son éditeur. Le livre s'appelle *Yéti, du mythe à la réalité*.

Je sens que vous me prenez pour un affabulateur, mais je vous demande de me croire. Ce livre est réel.

La rencontre semble appartenir à des temps très anciens. Il était une fois, ce soir-là… Le maestro était seul, comme lors de ses plus grands exploits. Au crépuscule, il avait pénétré dans une vallée austère près des sources du Mékong et franchi un torrent glacé, comme la frontière du pays des songes. Mais il n'était pas homme à se laisser bêtement contaminer par quelque croyance autochtone : « Personne ne m'avait mis en garde contre une créature mystérieuse que je risquais de croiser dans les vallées étroites. Sans doute la folie du yéti n'avait-elle pas atteint ces régions ».

Non, si folie il y avait, l'Européen devait la porter avec lui, et c'était une hypothèse à exclure. Le maestro était la Raison en marche, l'incarnation du Savoir sur ces grandes montagnes, un Européen bientôt élu au Parlement. Personne n'avait jamais mis en doute sa parole d'alpiniste (ou plutôt, ceux qui avaient tenté de le faire avaient été ridiculisés en place publique ou poursuivis en diffamation).

Le maestro, donc, jurait qu'il avait vu un yéti – ou plutôt un *chemo*, comme l'appellent les Tibétains. Il avait une preuve, l'empreinte de son pied dans la glaise, dûment photographiée quelques minutes plus tard. Un pied qui semblait presque humain, juste un peu large, avec la trace de cinq orteils bien ronds, sans griffes.

Ce détail ne pouvait pas échapper au maestro, qui avait perdu ses orteils en même temps que son frère, au début de son ascension vers la gloire. Un jour qu'il enlevait ses chaussures, des enfants tibétains avaient éclaté de rire en désignant ses moignons. « Ils se lancèrent autour de moi dans une sorte de danse d'adieu. "*Chemo, chemo, chemo*", chantaient-ils en tapant des mains et en montrant mes pieds. »

Voici donc comment le maestro relata sa rencontre avec *The Abominable Snowman*, plusieurs fois aperçu depuis la première expédition de reconnaissance à l'Everest, en 1921. Mais je ne le crois pas. Je crois que quelqu'un, ce soir-là, dans cette vallée reculée du Tibet, avait accroché un miroir aux rhododendrons.

Charlie Buffet est journaliste (Libération, Le Monde, XXI) et écrivain.
Derniers ouvrages parus : *Erhard Loretan, une vie suspendue*, Éditions Guérin, 2013, Prix du Pays du Mont-Blanc, Salon du Livre de Montagne de Passy 2013 ; *L'ours qui a vu l'homme*, Éditions Paulsen, 2014.

Antoine Chandellier

Desmaison, la montagne décomplexée

« Je ne suis pas la comtesse de Ségur de la montagne. » Cette sentence est au fond la meilleure auto-analyse de celui qui l'a prononcée et de l'héritage qu'il devait léguer. On est sur un plateau de télévision. En face d'Yves Mourousi, star de l'info paillettes, René Desmaison, au summum de sa notoriété, attaqué, vient de sortir un livre amené à devenir l'un des grands best-sellers du genre : *342 heures dans les Grandes Jorasses*[1]. L'alpiniste populaire doit répondre d'une forme de surenchère dans la professionnalisation de sa pratique et sa réplique à l'emporte-pièce résonne comme une définition de ce qu'il appelle « le grand alpinisme ». L'homme est direct. Et le qualificatif ne concerne pas que la trajectoire de ses ascensions. La lumière des projecteurs, la polémique, la virilité, l'orgueil... Voilà toutes les conditions réunies pour éclairer le mythe Desmaison sous tous ses versants.

« Halte à l'hypocrisie et aux conventions », clame Desmaison. Il revendique un alpinisme plein de testostérone et une pratique de la mon-

[1] 342 heures dans les Grandes Jorasses, *Flammarion, 1973 ; réédition, Hoëbeke, 2002.*

tagne sportive décomplexée, cassant les codes et bousculant le ronron des guides traditionnels. Et de faire sauter ces tabous du milieu de l'alpinisme que sont l'argent et la médiatisation. L'alpiniste d'un genre nouveau l'assure : rares sont les grandes conquêtes des hauteurs mues par le doux parfum de l'edelweiss, l'innocence des bons sentiments de cordée et le purisme du désintérêt total. La montagne est affaire de survie, un combat, un sport un peu à part où la mort peut entrer en cours de jeu. Mais elle n'en est pas pour autant hors du monde. Il serait bien utopique de penser que ses adeptes sont insensibles à la gloire, cette ingrate, qui n'a que faire d'eux s'ils ne savent pas raconter et mettre leur performance à mesure d'homme. Comme l'écrivain ou le cinéaste conjurent leur statut de mortel par leurs écrits, le fier Desmaison comprend que l'alpiniste, athlète ou artiste sans public, ne survivrait pas longtemps dans l'opinion si ses aventures ne sont mises en scène ou en page. On est là au fondement de sa légende dont il s'est évertué à maîtriser le texte et l'image.

Mais gare à ne pas confondre légende et vérité historique. Desmaison, homme d'excès, est un enfant qui a grandi trop vite et souffre encore des maux de sa jeunesse. Derrière ses manières un peu brusques, il y a le chenapan qui bouscule l'ordre établi. Il n'a pas conscience de sa force et, pris en défaut, n'envisage aucune autre issue que par le haut, quitte à s'en sortir au prix d'une certaine mauvaise foi. Le Périgourdin qui nargue les Chamoniards de son talent et sa faconde excelle dans les verticales. Dans sa cour de récréation, il est plus fort que les autres. Mais qui peut suivre ce chef de bande hâbleur, ce soliste encordé que rien n'arrête dans son escalade de la difficulté ? Dans la directissime de la face nord de l'éperon Walker aux Grandes Jorasses, il perdra le jeune Gousseault à 80 mètres du sommet. Faute d'avoir vu tous les signaux d'alerte s'allumer, l'entêté Desmaison est pris à son propre piège. Nu, face au regard inquisiteur du public, de ses adversaires à Chamonix, des médias à Paris, il ne peut plus faire demi-tour. On imagine le héros chuter de son piédestal, mais c'est dans cette adversité que son mythe se forge. Au-delà de son incroyable histoire de survie, qui en dit long sur sa constitution hors du commun, il démontre à ceux qui l'accusent d'avoir entraîné son compagnon à la mort, tout son art de la plaidoirie et de la communication. Désormais, rien ne pourra plus altérer dans l'esprit des générations suivantes, l'icône de l'alpiniste fonceur, moderne dans la technique et la gestuelle, sachant séduire pour financer ses expéditions et opter pour le meilleur itinéraire. La statue de Desmaison est indéboulonnable.

Le mythe est un repère collectif auquel on peut transposer bien des situations et qui se fonde sur une réalité magnifiée. Au-delà du personnage qu'il s'est construit, bien des amis vous diront ne pas reconnaître le Desmaison tel qu'il fut décrit par les impudents chroniqueurs qui ont osé le critiquer mais aussi tel qu'il a voulu se montrer. Il est vrai que derrière le héros controversé ou admiré, l'homme, lui, vient de la terre, de la campagne du Périgord. Le Desmaison à l'état pur, à l'abri du regard du grand public, est celui qui retrouve ses racines dans le Dévoluy. Dans ce massif aussi beau que confidentiel, entre deux ouvertures de voie avec des clients dont il sublimait le niveau, il aimait à boire l'eau-de-vie en parlant métaphysique avec un curé de campagne original, courir après les moutons de ses amis paysans et les plaisirs simples. Avant que le cancer et la solitude ne viennent le cueillir, Desmaison l'insubmersible aurait pu connaître cette fin de vie dont rêvait Terray – de la même étoffe que lui, et qui ponctuait ainsi ses *Conquérants de l'Inutile* : « Si vraiment aucune pierre, aucun sérac, aucune crevasse ne m'attend quelque part dans le monde pour arrêter ma course, un jour viendra où, vieux et las, je saurai trouver la paix parmi les animaux et les fleurs. Le cercle sera fermé, enfin je serai le simple pâtre qu'enfant je rêvais de devenir… »

Pétri du fantasme des hommes, le mythe omet parfois la part d'humanité de ceux qui l'incarnent.

Antoine Chandellier est journaliste (reporter et éditorialiste au *Dauphiné Libéré*) et écrivain.
Dernier ouvrage paru : *La montagne en direct - La vie de René Desmaison*, Éditions Guérin, 2010.

Gilles Chappaz

Balmat dit Mont-Blanc

Ici, les plaques portent le nom de personnages devenus légendes : rue Whymper, allée Louis Lachenal, avenue Ravanel le Rouge, avenue Cachat le Géant, promenade Marie Paradis, place Balmat…

Ici, de la même manière qu'on pouvait trinquer avec Roger Frison-Roche, chapeau tyrolien rivé sur le crâne au cœur de la carte postale qu'il avait lui-même (d)écrite dans *Premier de Cordée*, on risque de tomber nez à nez avec Christophe Profit, Catherine Destivelle ou Jérôme Ruby, « ces figures emblématiques » de l'Alpe selon les gazettes.

Ici, les boutiques de marque véhiculent leur lot d'images-poncifs et de valeurs authentiques (sic) ; un florilège d'échoppes-bazars écoule les objets kitchissimes d'une montagne à la Heïdi et des dizaines de tourniquets de cartes postales exposent images féériques et clichés éculés.

Ici, les brasseries libèrent des effluves trop présentes de tartiflettes et de fondues ; les commerçants spécialisés écoulent des monceaux de produits locaux et les bonnes tables revisitent les plats traditionnels (le farçon et un p'tit génépi pour faire passer tout ça !). Chamonix, définitivement bouffée aux mythes. Ce n'est plus Cham', c'est Saint-Cham !

Et voilà qu'en zone piétonne (rue du Docteur Paccard, notez bien) une fresque magnifique trompe-l'œil et aguiche le badaud en lui offrant en raccourci deux siècles d'histoire du Mont-Blanc à travers les héros de la mythologie chamoniarde : les guides. Ils sont tous là – une vingtaine – de Jacques Balmat (bien entendu !) à Armand Charlet, de Michel Croz à Louis Lachenal, de Jean Charlet-Straton à René Tournier (le recordman du nombre d'ascensions du mont Blanc, seul mythe vivant du tableau...). La gente féminine avec Henriette d'Angeville et Marie Paradis fait bonne figure, tout comme les « immigrés » célèbres, Lionel Terray ou Gaston Rébuffat... Tous là ? Faut le dire vite. Manquent quelques prestigieux anciens, les nouvelles générations et quelques as de la neige, comme si l'entrée au panthéon laissait la parole à la tradition épique pour qu'elle fasse ses choix, plus romanesques qu'objectifs.

Sous l'apparence flatteuse de cette fresque, « pictoresque » et spectaculaire mise en scène de nos références collectives, l'illusion est donnée que l'histoire ainsi racontée est la réalité alpine. À l'heure du numérique et de l'image pixellisée traficotée sous Photoshop, c'est un mur peint de 180 m² qui dit le vrai et entretient l'imaginaire. Un alpinologue décortiquerait la représentation avec gourmandise pour en décrypter les signifiants et les signifiés. Pas un détail, pas un bouton de guêtre ne manquent : Gaston Rébuffat exhibe son pull jacquard, Lionel Terray a sa tête de conquérant de l'inutile, Michel Croz et Michel Payot fument la pipe, Joseph Vallot porte son casque colonial, René Payot sa casquette, Armand Charlet son serre-tête et Marie Paradis sa croix. Quant à Balmat, il arbore son galurin en feutre, vaguement le même que sur sa célèbre sculpture de bronze où, d'un doigt décidé, il indique le chemin du mont Blanc à Saussure en semblant lui dire : « Lève la tête bonhomme, et marche, c'est là-haut que ça se passe ! »

Car ici la montagne a aussi sa statue de la Liberté, œuvre de Jean-Jules Salmson dédiée à Jacques Balmat et Horace Bénédict de Saussure, érigée au cœur de Chamonix à une enjambée du casino et deux longueurs du Monchu – restau typiquement typique. Classé « Monuments aux grands hommes », le monument a été inauguré en 1887 pour fêter le centenaire de l'arrivée de la cordée au sommet du mont Blanc.

Balmat et Saussure ! Symbiose étonnante des contraires. D'un côté le solide paysan chamoniard, cristallier à ses heures ; d'un autre le volontaire intellectuel genevois argenté, botaniste, naturaliste, inventeur de l'hygromètre à cheveu. Symbolique idéale du guide et son client. Aujourd'hui, duo de bronze figé sur un bloc de granite et éternisé par les appareils photos venus du monde entier.

Un mythe peut-il être coulé dans le bronze ? Une statue figurative est-elle la représentation d'un mythe ou l'effigie de la réalité ? Ces questions à deux balles effleurent-elles l'esprit qu'on voudrait curieux du visiteur qui, appareil photo en surchauffe et sac au dos surchargé, capte l'image de la statue ? Combien de visiteurs qui vivent la réalité de leur voyage derrière l'œilleton de leur caméra, savent-ils que cette représentation n'est que mythification ? Ont-ils conscience de l'entourloupe qui tendrait à faire croire aux mystifiés distraits que la paire Balmat-Saussure aurait été la première au sommet du mont Blanc plutôt que la vraie cordée victorieuse composée du même Jacques Balmat et du docteur Michel-Gabriel Paccard, arrivée au faîte de la cime un an auparavant, le 8 août 1786 ? Alors, pourquoi, avoir immortalisé Jacques Balmat aux côtés de Saussure, le scientifique genevois plutôt qu'avec Paccard, le toubib chamoniard ?

En fait, l'un des deux duos a eu meilleur impact

que l'autre dans l'imaginaire collectif de nos aînés, involontaires créateurs d'icônes éternelles. Et les confidences sussurées par le guide vieillissant à Alexandre Dumas, chantre inspiré de l'épopée de la conquête du mont Blanc, ont évidemment eu leur influence. Sûr qu'en racontant comment, après avoir foulé seul le sommet, il fit demi-tour pour aider Paccard « mon pauvre docteur (...) tout racorni sur lui-même (...) comme abruti », Balmat fit du mal à l'image du docteur tout en versant, si l'on en croit Dumas, dans l'auto-congratulation égotique : « J'y étais arrivé seul, sans autre secours que celui de ma force et de ma volonté : tout ce qui m'entourait semblait m'appartenir ; j'étais le Roi du Mont-Blanc, j'étais la statue de cet immense piédestal. Ah ! », oubliant au passage de préciser que les dix Louis d'or – prime promise par... Saussure à qui serait le premier sur le toit de l'Europe – avait aidé à sa détermination... Et la plume homérique du prolifique écrivain d'enrober joliment les mots de Jacques Balmat dit Mont-Blanc en concluant : « Le courage avait précédé la science là où personne n'était venu encore, pas même l'aigle et le chamois (...). Le brave homme ne comprenait pas qu'il fût pour moi un être tout aussi extraordinaire que Colomb qui trouva un monde ignoré, ou que Vasco qui retrouva un monde perdu ».

Vu comme ça, ça valait bien une statue à celui qui parmi les premiers transforma l'univers fantasmagorique des glaciaires peuplées d'esprits malins et de l'âme des morts en un nouvel eldorado fantasmatique des pulsions de l'homme. À Balmat la mythologie alpine reconnaissante.

Alors, pourquoi laisser de côté Paccard qui, lui aussi, avait les mêmes tentations aventurières et les mêmes chimères ? C'est ce qu'ont dû se dire les Chamoniards qui, à l'heure du bicentenaire de la première ascension cette fois, ont statufié à son tour le docteur, à deux pas de son compère et de son client fortuné. Assis sur son tas de cailloux, non loin de la rue qui porte son nom, Paccard a en permanence le regard fixé sur les sommets, le mont Blanc ou un autre. Comme Balmat et Saussure. Et comme tous les alpinistes du monde. Du mythe et du rêve couleur bronze plein les yeux.

Après une carrière de journaliste (*Montagnes Magazine, Vertical, L'Équipe magazine*), Gilles Chappaz se consacre à l'écriture et la réalisation.
Dernier film réalisé : *La grande dame aux chaussettes jacquard*, Seven Doc, 2013.

Pierre-Yves Chays

L'écheveau de la passerelle

Le visiteur qui se rend à l'aiguille du Midi ne sait pas que le seul vrai signe de l'alpinisme qu'on y rencontre, hormis les alpinistes eux-mêmes, se trouve sur la passerelle qui relie les deux pitons, le nord et le central. Il s'agit d'un fatras d'anneaux de sangles, accroché sous le toit des escaliers de retour et servant aux rappels pour accéder au Couloir Cunningham ou Couloir de la passerelle. Excepté les spécialistes partis skier la brèche entre les sommets ou escalader les goulottes de glace du secteur (Profit-Perroux, Burnier-Vogler) personne ne connaît cet équipement improvisé. Au fil du temps, cet écheveau de sangles usées et effilées évolue et se transforme. Il perd des brins pour en gagner d'autres. Parfois une sangle neuve vient marquer la méfiance d'un pratiquant pour cet amas de fibres et sa volonté de sauver sa peau à tout prix. Des Slovaques, des Russes, des Américains, des Japonais, des Européens de tout poil y ont installé avec soin leur propre anneau par-dessus les autres, formant une sorte de drapeau dérisoire agité par les vents glacés remontant de la brèche. Comme on dénoue une intrigue, on cherche à lire dans chaque fibre, chaque brin, chaque couleur l'identité de celui qui l'a installé. Certains tissages s'effilochent comme ces bracelets brésiliens qu'on porte au poignet jusqu'à leur désintégration. D'autres se sont décolorés en nuances subtiles. Il y a les grands, les petits, les larges, les tubulaires, les hasardeux, les solides. Tous pour un, un pour tous. On passe sa corde dans les cinq continents en priant Dieu que cela tienne avant de plonger dans l'abîme.

« Ha! ces jeunes filles brodeuses d'autrefois, blotties dans l'ample jupe de leur mère, sur un dur petit tabouret ! L'autorité maternelle les liait là des années, des années – elles ne se levaient que pour changer l'écheveau de soie.[1] »

Qui a l'idée en voyant ces brins de tissus – tant de langues se croisent à cette altitude – que le mot *écheveau* vient du latin *scabellum*, *escagne* en vieux français parce que le dévidoir à laines ressemblait à un escabeau ? L'anneau de sangle, première marche vers l'aventure céleste ? Le tissage vieux comme le monde qui fit les vêtements des princes et des manants, les cordages des navires et ceux des conquêtes alpines. Les fils passés entre les doigts des fileuses ou des machines. Chaîne et trame. Moutons et fibres synthétiques. *Made in China* et *Made in France*. L'histoire d'un savoir-faire est aussi dans les quelques fils embrouillés et en-

[1] La Maison de Claudine, *Colette*.

chevêtrés de l'écheveau de la passerelle.

Fragile et solide. Les mythes font coexister les contraires, c'est même leur raison d'être. Les anneaux de sangle créent un signe ambigu. Accrocher sa vie à un fatras de tissus pour se lancer dans le vide témoigne à la fois d'une grande confiance et d'une certaine folie. L'essence même de l'alpinisme. L'accumulation des sangles rassure. Leur état inquiète. Cette confusion donne à cet objet quelque chose de grand et d'absolu.

« Tant l'écheveau du temps lentement se dévide[2] » susurre le vent à l'oreille des visiteurs qui se pressent sur la passerelle et contemplent l'architecture des parois de granite. Bien peu lèvent le nez vers les anneaux de sangle, si ce n'est lorsqu'un alpiniste entame sa descente vers la brèche. Entre l'émergence millénaire du développement de l'arc alpin et les anneaux usés du relais de la passerelle, deux temps se confrontent, se mélangent et se parlent.

On sait depuis Roland Barthes et surtout Claude Lévi-Strauss que *le mythe est une parole*, mais surtout un bricolage. Bricolage de la plume de coq et de la dent de requin pour créer des divinités bienveillantes. Assemblages de récits colportés dans la nuit des temps, du Déluge à la Résurrection. Le bricoleur garde des choses « parce que ça peut servir » quand le savant as-

[2] Les fleurs du mal, *Baudelaire*.

semble des éléments de manière rationnelle dans l'optique d'un projet. La pensée mythique fonctionne comme un moulin à légumes dont les fumets enchantent l'humanité.

L'écheveau de la passerelle est un objet mythique. Il est fait d'anneaux de bric et de broc mais aussi parfaitement adapté à franchir les limites de la vie ordinaire. Issu de toutes les contributions des alpinistes qui l'ont enrichi comme on accroche un ex-voto dans une église italienne, il est un symbole discret d'un monde où quelques fils de couleur peuvent encore ouvrir les portes de l'aventure.

Designer, scénographe et sémioticien, Pierre-Yves Chays dirige l'agence de scénographie Implicite (*Espace Alpinisme* à Chamonix, *Alpine Lab* et réaménagement du site de l'aiguille du Midi, *Glaciorium* au Montenvers…).

Philippe Claudel

de l'académie Goncourt

Rébuffat

Me frappe aujourd'hui, où le temps de mes quinze ans est loin, la belle arrogance du nom, *Rébuffat*, qui sonne comme un élégant soufflet claqué d'un revers de main, la mise en syllabes d'une hauteur bien française mais qui puise sa théâtralité dans l'Italie voisine, et en cela vise au pardon qu'on lui consent sans peine. Musical ce nom, comme trois notes évidentes et tout à la fois précieuses, aériennes, que l'on pourrait trouver dans une fugue de Bach ou mieux encore chez Mozart, dont le génie tient à la clarté enfantine de ses mélodies. Tout cela paraît nous éloigner de la montagne, et pourtant, j'ai prononcé des mots, *hauteur, aérienne, génie* qu'on pourrait employer à son égard. Comme si le nom de Rébuffat, à lui seul pour bien des femmes et des hommes de ma génération, suffisait à évoquer l'univers de l'altitude, de ses architectures et de ses modes de fréquentation.

J'ai appris à grimper en lisant comme un bréviaire *Neige et Roc*, ce manuel d'usage qui faisait de vous un individu pas trop balourd quand vous arriviez près d'une falaise ou d'un glacier, alors que vous habitiez dans un pays doux et plat. J'ai écouté la voix de l'homme, lente, travaillée, raffinée, usant d'un lexique choisi et d'une monotonie qui atteignait à la distinction, lors des conférences où des images tressautantes déployaient les grands sommets, les lignes tracées par les hommes, et les gestes du grimpeur sur le celluloïd d'un touchant 16 mm. Et puis, il y avait les cartes postales portant sa signature, ces mises en scène tout à la fois du cadre alpin et de celui qui s'y meut, tour à tour minuscule au milieu de séracs cubistes, acrobate et danseur sous un sculptural surplomb, dominateur quand il ouvre les lèvres d'une fissure par une dülfer en apparence aisée, comme un chirurgien tranche d'un scalpel infaillible le derme d'un opéré.

Alpiniste, conférencier, écrivain, photographe, cinéaste, guide, duettiste – ah ces numéros cocasses avec le précieux Maurice Baquet, où tous deux transposaient, au-delà de 4 000, un univers à la Keaton et à la Tati ! – pédagogue, Rébuffat, avec conscience ou malgré lui, a forgé sa propre mythologie dont les attributs apparents – pull jacquard rouge, knickers, grosses chaussures, pipe, minceur élancée, visage en quartier de lune, dense chevelure noire, corde nouée comme distraitement autour de la taille – suffisent à tracer les contours d'un nom devenu image, d'un homme devenu légende. En ce sens, la célébrissime photographie des Lames de Planpraz qui figure sur la couverture des *100 plus belles courses du massif du Mont-Blanc* pourrait se lire comme l'aleph d'une philosophie alpine agrégée autour du nom et de la vie, mise en scène par lui-même, de Gaston Rébuffat : composition parfaite et équilibre des masses, lumière sublimant le cadre et ramenant l'être au statut d'une silhouette, certes perdue face à la grandeur glaciaire mais pour autant placée au pinacle du rocher, et à peine au-dessous du Toit de l'Europe, bras ouverts qui lovent la corde mais qui suggèrent aussi la plénitude, l'embrassement, la dévotion, l'exaltation, la sérénité et la possession du domaine auquel il fait face, dans une sorte de *contemplation monarchique du monde*, pour reprendre une belle expression de Bachelard – autre Gaston ! – et qui me ramène aux univers de deux peintres romantiques ayant de façon majeure contribué à l'invention du paysage de montagne : Caspar Wolf et Caspar David Friedrich.

Plus qu'une simple photographie donc que cette image iconique : un résumé, un condensé et un tremplin aux rêves et aux désirs alpestres pour celui qui la regarde. Comme *Les 100 plus belles* était bien plus qu'un livre puisqu'il nous aidait à supporter les longs mois d'ennui en rêvant au futur été. Comme « la Rébuffat », dans l'ocre face sud de l'aiguille du Midi, est bien plus qu'une voie : quand on y vient aujourd'hui, c'est un peu pour grimper, mais c'est aussi beaucoup pour venir y serrer les mêmes prises que celles qui ont été découvertes et saisies des décennies plus tôt par un homme qui a su, grâce à une œuvre totale et polymorphe, concrète et abstraite, éveiller, conforter, diriger chez beaucoup d'entre nous une passion pour ces hauts lieux de retrait et de partage que sont les montagnes.

J'ai tout fait pour éviter de rencontrer personnellement Gaston Rébuffat quand j'aurais pu le faire, comme de la même façon, je baissais la tête en croisant Frison-Roche dans les rues de Chamonix, trop timide pour lui dire mon admiration et ma dette. J'avais peur de voir un homme quand il était pour moi un des résidents permanents de mon exigeant panthéon – les autres membres à cette époque étant Nerval, Baudelaire, Jimi Hendrix, Keith Richards et Georges Méliès. Mais une fois, ce devait être en 1982, j'eus à l'interviewer pour une petite radio libre lorraine que nous avions créée avec des amis. J'avais vingt ans. Mon micro tremblait. Rébuffat fut courtois, posé, me répondant avec patience mais aussi avec ce que j'interprétai alors comme une certaine tristesse. Une chose me frappait : il me regardait peu. Il regardait au-delà de moi, derrière, au-dessus. Ses yeux semblaient toujours chercher un lointain horizon qui n'existait pas dans ce café de Nancy où nous nous étions donnés rendez-vous peu avant sa conférence. Je me souviens avoir songé à Baudelaire et à son albatros. Rébuffat me faisait le même effet que l'oiseau. Perdu dans le monde des hommes, mal à l'aise, empêtré. Dévêtu de son costume de scène, gêné dans un blouson de ville, il était soudain un pénitent, un être puni, un condamné qui purgeait une peine et n'aspirait qu'à fuir. Là-bas. Là-haut. À partir de ce jour, il prit pour moi une dimension supplémentaire : la fièvre exigeante qui habite et nourrit certains êtres qu'on admire leur donne une grâce douloureuse ainsi qu'une fragilité d'éternels convalescents, et ceci nous fait les regarder tout à la fois avec envie, bonheur mais aussi compassion car nous les découvrons soudain non pas comme des héros, mais comme des hommes, de simples hommes, comme nous.

Un mythe n'a de beauté et de puissance que si nous sommes reliés à lui par un jeu de miroir et de reflets. Nous sommes faits de sa matière autant qu'il est fait de la nôtre.

Rébuffat était guide et porteur.

Je laisse prendre à ces deux mots toute l'ampleur qu'ils contiennent.

Philippe Claudel est réalisateur et écrivain, membre de l'académie Goncourt.
Il obtient notamment le prix Renaudot 2003 pour *Les Âmes grises* et le prix Goncourt des lycéens 2007 pour *le Rapport de Brodeck*.
Dernier ouvrage paru : *Parfums*, Stock, 2012, Prix Jean-Jacques Rousseau de l'autobiographie 2013.

Jean Corneloup

Le mythe alpinistique, une histoire récréative en transition

Le mythe est un récit fabuleux qui nous inscrit dans un univers culturel par lequel le monde se donne à vivre. Il amplifie cette relation à la montagne en lui donnant du sens et en activant notre désir de partir à sa rencontre. Il développe chez le pratiquant cette envie de croire à la valeur de l'objet désiré. Les médias, les livres, les histoires racontées lors de soirée et maintenant les sites Internet et les réseaux sociaux sont autant de lieux qui transmettent la parole sacrée. Parole sacrée par cette capacité à placer au-dessus du commun des lieux, des voies, des sommets, des alpinistes ou des montagnes qui expriment les dimensions supérieures d'une pratique. La communauté des initiés peut ainsi communier autour des histoires heureuses ou malheureuses qui alimentent sans cesse le mythe alpin.

Autrefois la montagne était emplie de fantasmagories transmises par les conteurs, les colporteurs ou les habitants lors des veillées qui ponctuaient les rythmes de vie. Tout un monde féérique et syncrétique alimentait la vision des montagnes permettant la fabrique de cette cosmogonie traditionnelle. Les gouffres, les sommets, les forêts et les chaos rocheux racontaient les imaginaires paysans mixés avec les histoires que chacun évoquait de ce monde plein de bestiaires, d'icônes religieuses et de forces chtoniennes. La haute montagne faisait peur. Elle représentait la frontière entre le monde connu et habité et celui exprimant l'ailleurs, réservé aux puissances telluriques et célestes. Seuls les chasseurs, les ermites, les marginaux, les brigands et les moines osaient s'aventurer dans ces contrées éloignées.

Avec le monde moderne du XIXe et du XXe siècle, la montagne est entrée dans une autre symbolique, portée par les aventuriers, les touristes, les scientifiques, les peintres ou les romantiques. D'autres mythologies sont apparues pour célébrer la domination de l'homme sur la nature et ses dispositions à fabriquer une esthétique contemplative. Les individus devenaient alors les créateurs de mythologies d'action par la mise en scène de ces lieux en fonction des nouvelles pratiques instaurées. Une mythologie de conquête a ainsi imprégné les montagnes pendant plus d'un siècle dans ce mixage entre l'héroïsme et la dramaturgie des pratiques. Au fur et à mesure du XXe siècle, la mythologie traditionnelle a été surpassée par celle de la modernité. Un capital symbolique a imprégné les imaginaires de la montagne à la fois dans sa globalité mais aussi dans les relations avec les sommets, les massifs et les voies. L'Eiger, le Cervin, le mont Blanc, les Grandes Jorasses ou encore les Drus sont devenus des montagnes mythiques car elles portent les récits les plus fabuleux de la conquête des Alpes. La mythologie alpinistique se nourrit de ces actes héroïques et la communauté des pratiquants (les saints et les croyants) peut ainsi communier autour de ces totems emblématiques.

Mais à côté de cette hyper-mythologie portée par les récits fabuleux médiatisés, on trouve une hypo-mythologie qui se construit dans l'ombre de la première. Bien que moins spectaculaire et dramatique, elle n'en est pas moins porteuse d'un message sublime. Les Rousseau, Samivel, Ruskin, Lamartine, Frison-Roche ou Rébuffat sont les ambassadeurs d'une mythologie humaine et ordinaire de la montagne. La montagne devient le repaire des romantiques et des contemplatifs, des randonneurs et des esthètes qui l'arpentent différemment. Bien des histoires et des ouvrages restent imprégnés d'une structure narrative qui ne renvoie pas à une bataille tranchée entre les forces du mal et du bien, la victoire ou la défaite, le sommet sinon rien ou encore le masculin contre le féminin. La montagne est aussi l'univers des habitants et des animaux, des plantes et des écosystèmes, du patrimoine vernaculaire et des traditions culinaires. On évoque alors la montagne-refuge, les guérisons fabuleuses par les plantes, les fêtes de village autour de la montagne-centre, les solidarités paysannes ou le mystère des monastères. Les mythologies montagnardes sont ainsi riches d'une autre iconographie que l'on retrouve aussi dans la manière de parler des courses bucoliques et sympathiques effectuées par les alpinistes. La grande histoire de l'alpinisme (et du pyrénéisme) ne se découvre peut-être pas assez suffisamment par ces narrations de cordées, de couples, de relations entre un client et son guide. Le film de Catherine Destivelle *Au-delà des cimes* raconte d'autres histoires de la montagne que celle construite sur la démesure et la volonté de puissance ; tout comme la traversée des Alpes réalisée par Patrick Berhault où, derrière cette aventure itinérante, se construit une relation avec la montagne des profondeurs et avec les « amis » qui partagèrent des morceaux de cette partition aérienne.

Les années 1960-1990 ont inventé d'autres visions bousculant le sacré défini par les alpins-cafistes. Les enchaînements, l'escalade-express, le para-alpinisme, le ski-alpinisme, les voies Piola, le canyoning, les cascades de glace ou encore le dry-tooling ont bousculé les repères. En lien avec le mouvement contre-culturel des années 70, d'autres récits ont été développés (tels que dans la revue *Passage*). Une mythologie fragmentée et hybride a commencé à circuler dans l'univers de la montagne : combinaison des pratiques, des technologies et des médias ; mixage entre les pratiques synthétiques et naturelles ; émergence de la réalité augmentée via les vidéos, les webcams et les réseaux sociaux. Le monde des petits héros fait ainsi son chemin comme celui des free riders au sein de communautés virtuelles. Ces jeunes branchés rêvent d'une autre montagne, plus ludique, spectaculaire, vertigineuse et descendante. La slackline sur les montagnes du monde, le surf alpinisme ou les expéditions entre copains à la recherche d'ailleurs exotiques renouvellent la relation à la montagne et à ses imaginaires. La culture de la glisse s'invite pour apporter plus de délire, d'extase et de jeu avec les éléments. Cette cosmogonie postmoderne rêve ainsi d'une montagne aménagée pour y vivre des expériences extrêmes ; extrêmes par cette priorité donnée à la sensation sur la technique, à la descente sur la montée, à la gestuelle affinée sur les marches d'approche fastidieuses. Un autre *communicationnel* s'invente en lien avec une mythologie hédo-montagnarde qui raconte autrement les belles histoires qui font rêver.

Cependant, si le mythe alpin raconte une histoire apparemment intemporelle, il n'en reste pas moins une pratique sociale qui vit avec son temps. Une transition récréative est ainsi dans l'air du temps qui puise ses références dans la société du durable. On rêve alors d'une montagne propre, écologique et soutenable, capable d'impulser une recomposition mythique entre des symboles fragmentés. Une autre histoire tente ainsi de relier les mythes d'antan tout en tentant de les dépasser. Il ne s'agit plus de conquérir ni de jouer avec la montagne mais d'innover culturellement pour donner naissance aux schémas narratifs du XXIe siècle. Une montagne de la *reliance* (faire du lien) qui sache redonner de la présence aux montagnes du monde en tant qu'écosystème fragile ; une montagne des itinérances écologiques comme alternative à la domestication des sites et des stations ; une montagne métissée et spirituelle qui fasse l'éloge à la diversité des expressions culturelles... Bref, une nouvelle mythologie montagnarde est en train de s'écrire comme contre-feu aux excès d'aménagement et de vitesse développés par ceux qui pensaient pouvoir faire de la montagne une ressource exclusivement économique et financière.

L'alpinisme a ainsi un rôle à jouer pour entretenir ce désir de montagne, non pas en faisant de celle-ci un sanctuaire, mais en participant à la création des récits transmodernes en émergence. Ce métissage entre des pratiques et des symboles éclatés et distendus est au cœur des mythologies à venir. La naturalité en est une des expressions pour considérer que le sauvage est au fondement de l'équilibre du monde ; l'alpinisme doit être le garant de cette naturalité en devenir comme réservoir des ressources dont nous avons besoin pour penser nos modes de vie.

Sachons entretenir et donner naissance à cette naturalité montagnarde en devenir en cultivant le goût pour les itinérances des profondeurs. Le goût à la lenteur, la rencontre des gens et des écosystèmes, les ascensions thématiques, l'adaptation optimale aux milieux d'action ou la recherche de la frugalité sont quelques ingrédients qui invitent à construire d'autres histoires avec et dans la montagne. Mais faut-il encore que cette mythologie se renforce et se fasse entendre pour favoriser l'instauration de cette transition récréative et sociétale…

Chercheur au laboratoire Territoires à Grenoble, Jean Corneloup est président du réseau sportsnature.org, rédacteur en chef de la revue scientifique *Nature & Récréation* et enseignant en master 2 de l'UFR STAPS de Clermont-Ferrand.

Denis Crabières

L'école de la vie

Alors que je faisais mes premiers pas dans l'Alpe homicide de la fin des années 70, je n'avais pas conscience du fardeau que j'endossais en m'engageant dans l'innocente activité qui consiste à aller chercher les ennuis dans tout ce qui se rapproche de la verticale. Il faut dire qu'en cette période pré-mitterrandienne, l'alpinisme se parait encore de couleurs héroïques – quoique déjà pâlissantes – et le grand ado élevé dans la plaine que j'étais n'envisageait la montagne qu'à travers le prisme d'une imagerie d'Épinal à peine dépoussiérée.

Nourri des récits des grands noms de l'altitude et fort dépourvu d'expérience, c'est d'un pas assez mal assuré que je me suis aventuré jusqu'au bord de ma première rimaye. C'était par une de ces nuits où, comme de juste, la lune n'éclairait que la rive opposée du glacier, laissant dans une sombre noirceur le pan de montagne vers lequel je me dirigeais à tâtons. Sursautant au moindre craquement, je cherchais dans le halo de ma pauvre frontale (la rouge, celle avec le fil, la petite ampoule et les élastiques tricolores) les marques des crampons d'une cordée précédente qui auraient pu me conduire à travers le dédale de crevasses. « Ose toujours, et tu seras semblable à un dieu » me répétais-je en guise d'encouragement, mais sans trop élever la voix de crainte que mon équipier aussi blafard que moi ne m'entende. Parvenus au pied du mur, nous avions ce jour-là identifié dans le ciel, pourtant limpide, les signes annonciateurs d'une tempête qui ne manquerait pas de nous bloquer des jours durant sur une petite terrasse. Pour ne pas connaître les affres douloureuses d'une agonie prolongée, telle qu'en avait connu de bien meilleurs que nous, un demi-tour prudent avait été décidé et nous avions fini par gravir une vague proéminence voisine sous un soleil radieux. J'avais eu ensuite toute la descente pour méditer sur la phrase définitive prononcée d'un air assuré par un Alpiniste qui, à mes yeux de néophyte, était une référence : « La montagne, avait-il dit d'un ton sentencieux, c'est l'école de la vie ». Et le silence qui s'en suivit était du même genre que celui qui suit du Mozart et dont on dit que c'est encore du Mozart. Impressionnant.

Je ne sais plus si mon équipier d'alors partageait les mêmes interrogations, mais il est certain que si la montagne devait faire de nous des hommes meilleurs, ce n'était pas cette journée qui y avait contribué. Malgré cette douloureuse expérience, les hasards de l'existence m'ont permis d'acquérir suffisamment de savoir-faire pour prétendre exercer le métier de guide.

Et l'école de la vie dans tout ça ? Il faut reconnaître que je n'avais pas trouvé beaucoup d'éléments à porter au crédit de ce bel aphorisme. Certes, j'avais su me fixer des objectifs et me donner les moyens d'y parvenir pour entrer dans la vie professionnelle. Oui j'avais fondé une petite famille aux besoins de laquelle je subvenais. Mais il subsistait quelques problèmes. Pousser un caddie de supermarché restait un obstacle insurmontable, la vie quotidienne me semblait d'une platitude consternante et le sentiment d'inadaptation à un modèle social, pourtant partagé par le plus grand nombre, restait toujours très fort. La plus-value alpinisme restait désespérément invisible en dessous de l'étage nival. Etait-ce donc moi qui en effectuais une lecture trop premier degré, ou s'agissait-il d'une de ces escroqueries dont j'avais compris que le monde de la montagne n'était pas avare ? En observant mes jeunes collègues trentenaires dont bon nombre paraissaient se heurter aux mêmes difficultés, je penchais pour la deuxième hypothèse. J'en conclus provisoirement que cette sentence, à l'évidence, n'avait d'autre fonction que de légitimer l'activité un peu louche d'individus davantage en quête d'une dose quotidienne d'adrénaline que d'amélioration existentielle. Elle est donc allée rejoindre dans mon oubli l'autre fameux adage : « En montagne, on ne peut pas tricher », et sa variante tout aussi savoureuse : « La montagne révèle les personnalités ». Formules démenties à maintes reprises par l'expérience et avec lesquelles j'avais déjà pris des distances.

Pourtant, je n'étais pas satisfait. Il me gênait de penser que la montagne n'était qu'une école… de la montagne, et qu'aucune qualité qu'il soit possible d'y développer n'était ré-investissable dans une existence individuelle. Je parvenais bien à identifier quelques vertus qui peuvent s'y cultiver avec bonheur, mais rien au final ne me permettait de croire que l'alpinisme se prêtait mieux à leur épanouissement que d'autres domaines d'activité. Serait-ce alors la relation au danger brandie parfois comme un étendard qui constituerait le ferment de ces maximes moralisantes et tant soit peu élitistes ? Ce serait finalement un comble en regard d'une autre d'entre elles qui me revient en mémoire et proclame que « la montagne est une école… d'humilité ».

Guide de haute montagne, président du Syndicat National des Guides de Montagne, Denis Crabières a dirigé avec Michel Zalio et Bruno Pellicier l'ouvrage *Profession guide*, Michel Zalio Éditions, 2008.

Sophie Cuenot

La Fête des guides de Chamonix

« Ravanel Alexandre, Ravanel David, Ravanel Gilles, Ravanel Jean-Marc… » Chaque 15 août, vers 11 h 00, la foule estivale massée au pied du parvis de l'église de Chamonix écoute religieusement l'appel des guides. Je ne dirige jamais mon regard vers le curé et les officiels au micro, mais toujours vers les admirateurs attentifs. Devant eux, les guides en tenue attendent leur tour pour monter sur les marches de granite et se tourner face au mont Blanc. Sur la pointe des pieds, je cherche à apercevoir mon père – instant de fierté. Mais surtout, j'observe les spectateurs qui comptent du bout des lèvres le nombre de Ravanel, Charlet et autres Couttet qui, cette année encore, poseront sur la traditionnelle photo. Visiteurs rassurés que les piliers de la plus célèbre compagnie des guides soient toujours là, ou que les petits-fils et neveux aient bien pris le relais après la disparition d'un ancien.

S'agit-il d'une comédie folklorique, rejouée inlassablement depuis un siècle, comme ces défilés de coiffes et de binious que j'ai pu admirer en Bretagne[1]? Ou encore d'une fête commerciale,

[1] *La Fête des Filets Bleus créée en 1905 à Concarneau pour alimenter un fond de solidarité pour les marins victimes de la crise de la sardine. Elle a lieu chaque année au mois d'août.*

un peu jalousée dans les vallées plus discrètes où les guides n'ont pas droit aux caméras de télévision et aux recettes des spectacles, médailles, farçons et autres tee-shirts à leur effigie ?

Ce que ressentent les spectateurs semble plus fort que ces clichés, leur émotion sincère. Ils devinent que ces guides ne sont pas du genre à se plier facilement aux règles et aux codes – certains d'ailleurs ne se gênent pas pour filer en douce lorsque le curé invite l'assistance à pénétrer dans l'église après la bénédiction des piolets. Avec leurs knickers et leurs chaussettes jacquard, leur corde tressée autour de l'épaule, ces hommes de la montagne savent qu'ils récoltent facilement l'admiration du public. Mais cette sympathie, ils l'utilisent pour passer des messages. Le temps de leur fête, ils revendiquent la liberté de cheminer en altitude, avec leurs clients. Prenant leur air le plus solennel, ils tentent de repousser les excès d'une société qui voudrait réglementer leur haute montagne à coup de procès, de lois et de polices d'assurance.

Mais ce cérémonial pourrait aussi bien se jouer à huis clos. Car en premier lieu c'est à la montagne que les guides s'adressent ce jour-là, avec un soupçon de superstition. Ils se confrontent à un mythe autrement plus puissant que leur propre cérémonie, celui des neiges éternelles et des pics inaccessibles auxquels ils ont un jour osé s'attaquer. Aucun ne parle facilement de ses craintes ou de la douleur d'avoir perdu un ami là-haut. Mais l'un d'eux m'a glissé un jour : « Sans ce moment de communion, je ne pourrais pas y retourner ». En se serrant les uns contre les autres, en mettant en scène leur solidarité, en répondant à l'appel de leur nom, ils ne sont déjà plus dans la vallée. Le nez en l'air, humbles et respectueux, ils s'annoncent à la montagne et touchent le manche de leur piolet pour être encore sur la photo l'été prochain.

Sophie Cuenot est journaliste et écrivain.
Dernier ouvrage paru : *La promesse des profondeurs, l'aventure Petzl*, Éditions Guérin, 2012.

Érik Decamp

Le haut et le bas, le pur et l'impur

Nos actes et notre discours sur nos actes dessinent des frontières symboliques dont il est essentiel de mesurer la portée. Ce constat m'a frappé lorsqu'un jour, assistant au cinéma à une projection du film *Shoah* de Claude Lanzmann, j'ai été saisi par le dialogue suivant :

« Et après la guerre, qu'avez-vous fait ?

— J'étais dans une maison d'édition alpine.

— Ah oui ?

— Oui, oui. J'ai écrit et publié des guides de montagne. J'ai édité une revue alpine.

— C'est votre sport favori, la montagne ?

— Oui, oui.

— La montagne, l'air et…

— Oui.

— … Le soleil, l'air pur…

— Pas l'air du ghetto. »

L'homme qui répond ainsi à Claude Lanzmann est le Dr Franz Gassler, qui fut adjoint du Dr Auerswald, commissaire du « district juif » de Varsovie. Ce jour-là, j'ai eu honte de constater que j'avais, que je le veuille ou non, quelque chose en commun avec ce monsieur, puisque lui aussi se réclamait d'une passion pour la montagne. Et j'ai pris conscience de la raison pour laquelle tout un pan du discours sur la montagne me révulsait déjà : il n'était pas, et de loin, débarrassé de ce qui lui avait donné sa place dans la symbolique du nazisme.

Depuis ses débuts la barque symbolique de l'alpinisme a été assez chargée : nationalisme, élitisme, récupération des valeurs liées au goût de l'effort et au dépassement de soi, exaltation de valeurs guerrières, sans compter une sorte de fascination pour le choc de la jeunesse contre la mort... En son temps, le fascisme a été le référent favori des alpinistes qui prétendaient résoudre les « derniers grands problèmes des Alpes ». Le moment culminant de la récupération idéologique de la montagne a certainement été en 1938 : la décoration par Hitler des quatre alpinistes qui avaient réussi la première ascension de la face nord de l'Eiger. Aujourd'hui, personne dans le milieu de l'alpinisme ne se reconnaîtrait ouvertement dans la symbolique du nazisme, mais beaucoup laissent, en mots ou en actes, s'exprimer des affinités dont ils ne mesurent pas toujours la portée. Ce ne sont plus vraiment des faits ou des écueils désignés et par là même évitables, ce sont des courants difficiles à détecter, à nommer, à décrire. Ces affinités inavouées créent des frontières qui s'expriment en termes de valeurs. J'ai su ce jour-là que jamais plus je n'entendrais certains mots, certaines formes de discours sans être hanté par les idées auxquelles ils renvoient.

J'aime le paysage de la haute montagne, les lumières et les formes qui s'y déploient, la limpidité de l'air hivernal. Pourtant quelque chose m'interdit d'en parler en termes de pureté, bien que, comme nous tous, j'aime cet état. Je l'aime mais n'en fais pas pour autant une manière de distinguer, sans le dire, le pur de l'impur, de me distinguer, en tant qu'amateur des cimes si pures, d'une communauté humaine qui n'accède pas à ces lieux. Car toujours viennent se greffer sur l'idée de pureté de troublants usages de la logique : parce que la pureté est dans les lieux, elle serait dans le cœur de celui qui s'y rend. Cela suffirait à prouver que quelque chose en lui le place hors du commun. Là commence l'inacceptable.

Comme bien des alpinistes, j'apprécie souvent mieux la beauté d'un sommet au terme d'une marche ou d'une escalade, qu'après y être monté avec des moyens mécaniques ; j'ai ce « goût de l'effort » associé, à juste titre, à la pratique de l'alpinisme. Mais je ne tolère pas que l'on assortisse cela d'un mépris plus ou moins affiché pour ceux qui, de passage, viennent voir ces paysages en touristes. Que savons-nous d'eux pour avoir la prétention d'affirmer que notre vie, parce que nous goûtons ces efforts, a plus de valeur que la leur ?

Le haut est connoté positivement, le bas négativement ; le bon est en haut, le mauvais en bas ; le beau est en haut, le laid en bas ; l'élite est en haut, la masse en bas. On parle de hautes pensées et de basses besognes, de haut du panier et de bas de gamme. La perception de la montagne est enlisée dans cette association d'idées, qui contamine l'opinion que les alpinistes se font d'eux-mêmes. Qu'ils y mettent ce qu'il faut de complaisance, et le haut devient le supérieur, le bas l'inférieur. La connivence sémantique avec la supériorité d'un groupe humain n'est pas loin.

Cette contribution est extraite de *Frontières, lieux communs et montagnes ordinaires*, in Les Temps Modernes n°656, nov-dec 2009, Éditions Gallimard.

Devenu guide de haute montagne dès sa sortie de l'Ecole Polytechnique, Érik Decamp exerce aujourd'hui une double activité de guide et de consultant en entreprise (www.orexios.net). Dernier ouvrage paru : *Crises et facteurs humains*, Éditions De Boeck Université, 2009.

Philippe Descamps

La plaque à vent

Elle tient une place de choix dans les conversations initiatiques en refuge. Il y a ceux qui l'ont vue, ceux qui l'ont simplement entendue, et puis les autres. Dans les récits des premiers, on retrouve cet orgueil curieusement mêlé de jobardise qui rend l'alpinisme aussi preux qu'absurde aux béotiens.

Chez le novice, la seule promesse d'entendre le souffle d'un *wouf*, provoqué par l'effondrement des couches fragiles et de la couche d'air brusquement libérée peut perturber le sommeil. Pourtant, il désire ce moment autant qu'il le redoute. L'équilibre trouvé entre ces deux sentiments par l'intuition est censé montrer le chemin de la sagesse. Peu importe que l'intuition et l'expérience tuent bien davantage que l'innocence, la fréquentation des plaques à vent signe la hardiesse du montagnard devenu skieur-alpiniste.

L'expression s'affranchit difficilement des guillemets dès que l'on quitte le cercle des initiés, tant sa construction apparaît baroque. Sa sonorité égare même parfois quelques journalistes pressés à la recherche d'une explication sur une « plaque avant » ; et sans doute la « marche arrière » qu'aurait dû entamer un bon père de famille... L'étrangeté du signifiant prend corps lorsqu'on réalise que ces plaques sont généralement friables et le plus souvent constituées de neige poudreuse. L'évidence du signifié se révèle lorsqu'au hasard d'un déclenchement par un chamois, un skieur, un réchauffement, voire de la dynamite, une coulée de neige dévoile par une cassure nette la plaque formée par le travail du vent, et qui se dérobait aux regards les plus acérés.

La plaque à vent participe à la même mythologie alpine que l'avalanche avec une connotation technique qui sied parfaitement à la sociologie d'un milieu bac +5, ingénieur à Grenoble. La plaque à vent comme signe de l'avalanche potentielle – en suspension – ne devient mythe que lorsqu'elle signifie une complexité qui dépasserait le commun des mortels. L'affronter représente à la fois une nature et une morale, et permet cette distinction recherchée, plus ou moins inconsciemment, par les pratiquants des activités à risques. Loin de s'amenuiser, le mythe se renforce ainsi lorsque les victimes appartiennent à la catégorie aussi idéalisée qu'indéfinie de l'alpiniste « chevronné ».

Le sommet de la bravoure alpine sera non seulement d'y avoir survécu, mais que ce prodige survienne après avoir été enseveli. Qu'importent les vies perdues, les promesses éteintes, notre inconscient collectif accepte qu'un accomplissement puisse survenir dans les heurts d'une rencontre avec un phénomène qui aurait le mérite social suprême d'apparaître indéchiffrable.

Contrairement au préjugé courant, on connaît bien les terrains (pentes, exposition, fréquentation, etc.) et les conditions (neige, vent, température, conduite de groupe) propices aux déclenchements, que l'on retrouve à chaque accident. Mais la valeur de la confrontation avec un aléa naturel reste plus forte. La part incompressible de l'aléatoire justifie et garantit la préservation de la morale ; nul n'osant rompre l'explication sacrée de « l'imprévisible ».

On comprend ainsi que les approches méthodiques et rationnelles construites sur les probabilités heurtent les positions acquises en brisant les hiérarchies d'expériences. Cela explique que la prévention et la formation soient encore généralement conçues tel un spectacle de la peur, ou plutôt du « fais-moi peur », comme si l'alpinisme restait une sorte de terreur délicieuse.

Philippe Descamps est journaliste.

Patrick Drahé

L'obvie et l'obtus[1]

De l'objet à sa représentation, il y a toujours une réduction. La transformation du réel en un format visible est à la fois une traduction de la réalité et une trahison de celle-ci : découpage du réel en unités, reconstitution de ces unités en substance et en signe du récit qu'il nous donne à lire. Le récit de la montagne est un message codé qui n'a pas, ou ne devrait pas avoir, pour vocation de représenter la narration du réel mais chercherait à créer de la tension (de l'attention) chez celui qui le reçoit.

Existerait-il dans toute image de la montagne, de l'action en montagne pour être plus précis, un sens obvie (narratif) et un sens obtus (extérieur au signifiant, obscur, qui semble vouloir nous dire quelque chose de plus qui est de l'ordre d'un autre message) ? Chaque image porterait en elle deux faces d'une même pièce : le récit de l'aventure en montagne (le texte) et la tâche historique, politique, émotionnelle et théorique du récit (le prétexte).

N'est-il pas vain de tenter le récit de l'aventure en montagne ? Si l'alpinisme n'existe qu'à travers

[1] L'obvie et l'obtus, Essais critiques III *: ouvrage de Roland Barthes paru au Seuil en 1982.*

le récit de l'alpinisme et si ce récit n'existe qu'en tant que trahison de la réalité, alors une représentation d'un récit de la montagne serait-elle un mythe ?

Le récit de la montagne, écrit ou filmé, avait à l'origine une vertu pédagogique. Il était le déroulé précis des grandes expéditions. Il valorisait avant toute chose l'action collective. Son organisation correspondait à un alignement de codes qui oscillaient du performatif (l'image en tant qu'image) à l'anthropologique :
– lenteur de la mise en œuvre comme pour nous dire la longueur du temps,
– descriptif géographique du trajet et de la région explorée,
– la montagne comme objectif au centre d'un territoire nouveau,
– toute action passe par le groupe (la scène mythique du recrutement des sherpas).

L'ensemble de ces images était porteur d'un double sens : faire de la montagne un récit exploratoire et pédagogique et nous dire de l'utilité d'être unis (représentants d'une nation où les individualités doivent s'effacer). Pour cela, la solution restait toujours l'omniprésence de la montagne comme axe central de l'image. Ce traitement est à mettre en relation avec les vertus véhiculées par l'époque où sont nées ces grandes expéditions et ces mythes fondateurs *Pour la patrie, par la montagne*[2].

L'effondrement de la collusion Action/Nation a libéré une autre forme de récit : l'image de la montagne sera désormais un acte individuel. Devons-nous le regretter ? Non, s'il n'avait provoqué un dégât collatéral : la montagne a disparu, ou plutôt elle a été reconstituée dans une configuration organisée autour de l'émotionnel et de la performance. Et cette re-construction n'a plus aucun rapport avec la réalité. Elle n'existe que pour la charge émotionnelle qu'elle pourrait produire chez le spectateur. Le récit a trahi la réalité par sa recomposition et il a, du même coup, dévitalisé l'image de la montagne. Cette dernière n'est plus que l'image de fond de l'action individuelle et cette image n'a pas la nécessité d'être conforme à la réalité.

Le signe de cet effacement est la mise en œuvre de nouvelles scènes, pivots de l'action en montagne : le récit auto-filmé (je filme donc je suis) à l'intérieur de la tente. Pitoyable représentation de l'inaction qui se veut action. L'image produite est l'exacerbation ultime du *centrement* sur soi. Mais où sommes-nous ? Peu importe. Que cela soit filmé sur les pentes du Makalu ou au fond du jardin. Plus je parle de moi, moins je parle de montagne. Ce cercle peu vertueux est une spirale

[2] *Devise adoptée par le Club Alpin Français en 1903.*

délétère. Car si l'objet se doit d'être l'individu, alors l'environnement n'a plus de place en tant que lieu mais seulement en tant que cadre et le cadre se doit d'être le plus serré possible.

Jadis, nous étions devant une trahison involontaire. Elle a fait place à une trahison nécessaire. De l'obtus – image, mouvement, récit, tous sont aspirés dans ce maelström et ressortent en accessoires de l'individu, en surimpression sur la montagne mais non plus en ou avec la montagne. De l'obvie – et pourtant ce manque de représentation objective et réelle a trouvé sa forme, hors de toute trahison, hors de toute « mystification », avec une volonté d'expurger toute émotion et toute interprétation du lieu et de son état, « l'ami qui toujours m'accompagne et jamais ne m'a trahi[3] » : le topo.

Patrick Drahé est consultant (stratégie et design).
Il est président de l'ONG Enfants du Tamil Nadu (www.enfantsdutamilnadu.com).

[3] Champagne, *Jacques Higelin, 1979.*

Pierre-Olivier Dupuy

L'altitude

Il y a d'abord les chiffres. 3 000, 4 000, 7 000, 8 000.

Des chiffres ronds pour un enjeu pointu. Qu'il soit pic, pointe ou antécime, le sommet se définit d'abord par son altitude. Mais, en retour, l'altitude n'a pas besoin de montagnes pour se matérialiser. Elle se présente en bar(res) : les millibars de la pression atmosphérique ; la barre mythique du « premier 3 000 », de son « premier 4 000 », de la haute altitude ; ou bien encore les barres énergétiques à emporter pour assurer l'effort.

« Franchir la barre des X mille mètres », des Pyrénées à l'Himalaya, est un enjeu en soi. Qu'importe la voie ou le sommet. Mais les aléas de l'ascension imposent au grimpeur un terrible dilemme psychologique. Si pour le consommateur de tomates, 2,99 € n'a pas le même signifiant que 3 €, il en est de même pour l'alpiniste contraint de faire marche arrière pour cause de météo défavorable et pour qui 3 990 m n'est pas 4 000 m ! Même en se persuadant de l'inconstante précision des altimètres, il sait, au fond de lui, que la barrière n'a pas été franchie. À l'inverse, si le sommet échappe de peu à l'himalayiste qui tente son premier 8 000, il se contentera au moins d'avoir marché dans la « zone de la mort », doux sobriquet de la barre des 8 000.

L'altitude assure l'identité extériorisée de son conquérant et lui permet de gravir les barres (encore !) de l'échelle sociale des montagnards en distinguant l'excursionniste et le touriste du marcheur, le randonneur du glaciairiste, l'alpiniste de l'himalayiste, les pratiquants contemplatifs des gaillards engagés, les trekkeurs des summiters… Et dans l'altitudocratie, la catégorisation opère à tous les étages : celui qui a gravi un 7 000 ne voit pas les mêmes regards posés sur lui que sur celui qui a réussi un 8 000, le « petit » huitmilliste ne fait pas partie de la haute cour de ceux qui ont foulé les très (très) hauts sommets. À tort bien sûr puisque l'altitude est parfois corrélée à une autre caractéristique alpine : la difficulté d'ascension et l'engagement attenant. Bien que petit 8 000 (en taille), l'Annapurna I n'en reste pas moins l'un des plus difficiles à gravir ; nombre de 6 000 et 7 000 sont techniquement plus corsés que leurs aînés. À l'inverse, une pratique contemplative et douce de l'alpinisme n'est pas exclue sur les neiges éternelles de haute altitude.

Au-delà des chiffres, il y a les effets. Hypoxie,

SAS[1], MAM[2], OPHA[3], OCHA[4]. Acronymes d'un mal redouté, inféré. L'altitude est d'emblée projetée comme nuisible. « Concrètement, ça fait quoi le manque d'oxygène ? Est-ce que je vais supporter l'altitude ? ». L'enjeu engendre une forte attente et un questionnement. La projection systématise des comportements :
– se préparer physiquement,
– constituer une réserve conséquente de barres céréales,
– garnir la trousse à pharmacie.

L'altitude est anxiogène dès le canapé du salon. Alors, l'himalayiste se protège et se prémunit quitte à se *médicamenter* par prévention (ça n'a pas un autre nom ça ?). Prend-on des antiémétiques en prévention de la gastro-entérite ? À de rares hypocondriaques près, non. Pourtant, l'homo-alpinistus aime à s'interroger sur sa pharmacopée avant de s'élever dans l'éther : Diamox® ou pas Diamox® ? Aspirine ou pas aspirine ? Ox' ou pas ox' ? Somnifère ou pas somnifère ? Et pourquoi pas amphétamines et autres stimulants ? Si dans les soirées entre amis il y a toujours un convive pour renverser son verre de vin sur la nappe blanche, dans les week-ends de préparation aux expéditions, il y a toujours un grimpeur qui « sait » : qu'importe l'expérience du guide dans le do-

[1] *Syndrome d'Apnées du Sommeil*
[2] *Mal Aigu des Montagnes*
[3] *Œdème Pulmonaire de Haute Altitude*
[4] *Œdème Cérébral de Haute Altitude*

maine, lui sait que l'altitude c'est mal et que le Diamox® c'est bien, et ce avant même d'être arrivé au pied de la montagne. Le Mal Aigu des Montagnes est devenu un mème conversationnel des refuges et camps de base !

Il y a aussi les faits. Réels et projetés. Les images vues et revues des alpinistes haletant, marchant à pas lents, le visage marqué par l'effort et le soleil, des tentes soufflées par les vents capricieux, du froid lisible sur les nez gelés. Non vraiment, l'altitude, ce n'est pas bon. Oui l'altitude scinde le monde des alpinistes en deux univers : performance physique contre marche tranquille (ceux qui ne vont pas haut). Pourtant, ne pourrait-on pas vivre l'altitude autrement et diversifier les cadres de référence ?

Je suis entré en alpinisme par ces images puissantes de l'altitude. De ses effets suggérés, le froid, la souffrance, l'effort et les stigmates. Depuis, j'ai appris que l'on pouvait dormir comme un bébé à 7 400 m après avoir partagé avec son compagnon de cordée le plaisir de grimper ensemble, sans faire supporter à son corps la pratique de ces représentations.

Sans minimiser les effets de l'altitude – mais la plage a aussi son lot de maux à suffixes : déshydratation, hydrocution, insolation, érythème actinique, mycoses – il s'agit peut-être et surtout d'attention et de bon sens. L'acclimatation a ses préconisations médicales : maîtrise de la dénivellation entre deux nuits et votre corps le vaut bien, hydratation et votre corps le sent bien, écoute de ses sensations et votre corps le rend bien.

Gravir l'Aneto, le mont Blanc ou les tours de Trango ; courir en trail ou marcher en rando : l'écoute de soi et de son corps reste la base de la démarche sportive pour retrouver et savourer le plaisir qui nous fait aller toujours plus haut. Physiquement et intérieurement.

L'altitude ne consiste-t-elle pas à s'élever ?

Pierre-Olivier Dupuy est maître de conférences en Sciences de l'Information et de la Communication. Ses travaux portent sur les représentations dans les médias ainsi que sur le discours politique en période électorale : *Débat de l'entre-deux-tours 2007. La conquête de l'espace lexical,* Mots. Les langages du politique, 2009/1 (n° 89) ; *Questions de citoyens, questions de genre*, Mots. Les langages du politique, 2009/2 (n° 90).

Rémi Engelbrecht

« La paroi, déjà verticale, se redressait encore[1] »

Le radeau de la méduse, dramatique tableau du peintre Géricault, montre une mer agitée sous un ciel tourmenté et sombre. Il est prouvé que le jour du sauvetage, la mer était calme et le ciel bleu. L'artiste ne cherchait pas ici à peindre la réalité ; il était en quête de monumentalité, il voulait transformer son tableau de fait divers en un tableau d'Histoire.

Très tôt, les premières peintures et gravures de haute montagne – créées notamment par des artistes anglais – nous ont présenté elles aussi une version terrifiante des reliefs d'altitude : pics acérés, crevasses monstrueuses, abîmes insondables, glaciers aussi tourmentés que les labyrinthes des mythologies grecques. Dans certaines gravures, on croit même apercevoir dans ces mouvements de glace, de neige et de roche, des formes animales monstrueuses. Les visages des alpinistes pleins d'effroi face aux dangers de la montagne ou, au contraire d'un calme surprenant, nous laissent confus : comment réussir à grimper dans un tel environnement ?

[1] *Georges Livanos dit le Grec.*

« Si ces représentations décrivent la réalité, je ne mettrai plus jamais les pieds en montagne ! »

Un bon siècle avant les impressionnistes des bords de Seine, ces peintres du XVIIIe siècle ont donc traduit leurs émotions de sommets menaçants. Mais contrairement aux *Impressions de soleil couchant* des Boudin, Monet ou Renoir, les peintres de montagne utilisèrent des formes d'expression qui pouvaient donner l'illusion d'une réalité vraiment terrifiante. Exagérer l'expression de ses émotions tout en faisant croire à une réalité ; les mythes de la haute montagne pouvaient désormais s'évader des veillées intimes de fond de vallée et commencer à être colportés vers tous les horizons.

La sacoche de ces colporteurs du mythe de la verticalité se chargea alors successivement de peintures, récits oraux, livres, conférences, images, films, blogs et, aujourd'hui, webcams et caméras GoPro® embarquées sur les casques ou les spatules.

S'approchant au plus près de la réalité par le biais de technologies analogiques puis numériques, ces médias allaient-ils mettre fin à la supercherie, aux exagérations, au mythe de *la verticalité plus que verticale* ? Avant de répondre, il n'est pas inintéressant de s'offrir un rapide historique de ces médias colporteurs des mythes de la montagne.

Les récits écrits ont rapidement pris le relais des peintures pour nous entraîner dans la subjectivité. Voici ce qu'on peut lire dans un ouvrage d'Evgueni Simonov à propos de sa découverte du pic de Pobieda : « La montagne ressemblait à un fauve étendu en travers du défilé, parée comme un tigre de zébrures d'un kilomètre de large. Le cannibale guettait une nouvelle proie ; les flocons blancs des avalanches, comme de l'écume, s'échappaient de sa gueule[2].» Pas étonnant qu'avec de tels récits peuplés de monstres, une nuit sans abri en haute montagne fut longtemps considérée comme un piège forcément mortel. Ce mythe de la nuit mortelle attirait les aventuriers étrangers jusqu'à Chamonix pour se faire effleurer, sans toutefois se laisser déflorer.

Quand le cristallier Jacques Balmat fut obligé à un bivouac sous le dôme du Goûter et qu'il constata le lendemain matin que nulle gueule béante ne l'avait englouti, un déclic se produisit : le mythe était tombé. La première ascension du mont Blanc, malgré la probabilité de bivouac sur glacier, devint alors possible pour Jacques Balmat et son compagnon le docteur Paccard (1786).

Les récits d'exploits himalayens ont pris le relais des paroles exagérées. Dans les années 90, des alpinistes s'étaient inspirés d'un livre des années 70 pour répéter un itinéraire engagé sur le

[2] À l'assaut du pic de la Victoire, *Evgueni Simonov, 1959.*

Makalu. Après avoir réussi le sommet, ils se demandèrent longtemps où pouvait bien se situer le fameux « mur de roche surplombant de plusieurs dizaines de mètres » décrit dans l'ouvrage ! Plus récemment, il était courant dans les magazines spécialisés de voir certaines photos d'alpinistes en pleine paroi défier les prévisions verticales de Newton. À force de prendre des images en penchant l'appareil pour exagérer la pente, on découvrait des glaçons qui pendaient de travers. Quels vents dantesques avaient-ils pu figer ainsi la glace ?

Alpinistes amateurs ou professionnels, reconnaissons que nous exagérons nous aussi parfois nos descriptions, consciemment ou non. Que celui qui n'a jamais mythifié ou mystifié un de ses récits jette la première pierre sur mon casque ! À défaut de livrer nos intimes émotions de peurs et de joies, nous cherchons des moyens pour les partager. Et ces sensations de la haute altitude, de la montagne, de la nature et de la verticalité sont si fortes, si intimes et si belles à la fois, que les mots pour les dire sont parfois difficiles à trouver.

Passons rapidement sur le cas des purs frimeurs qui ont fait de l'exagération volontaire un sport à part entière.

À l'extrême des récits, on trouve la catégorie des affabulateurs inventant des exploits. Après des semaines passées à l'autre bout du monde sur des parois incroyables, après avoir réussi d'authentiques prouesses mais ayant échoué à quelques mètres du sommet, certains entrent dans le monde du mensonge pour ne plus jamais en revenir.

Les *people* du star-system et autres *Icare,* attirés par les trompettes de la renommée ou poussés par les forces médiatiques, nous vendent eux, photo à l'appui, des réussites de sommets avant même leur départ de la maison…

Plus légers, de simples touristes randonneurs nous disent qu'ils ont « fait le mont Blanc » alors qu'ils reviennent du Tour du Mont-Blanc en randonnée, ou ont simplement emprunté le téléphérique de l'aiguille du Midi !

Parmi les déformateurs de vérité et camelots de mythes associés à la montagne, il y a encore ceux dont on a forcé la main : les colporteurs de mythes patriotiques poussés à réussir leurs exploits par une force idéologique (les fameuses expéditions himalayennes nationales – nationalistes – françaises, italiennes, allemandes ou suisses des années 1950-1970). Un orteil amputé, un collègue ou un sherpa abandonné, un silence acheté : le faible prix à payer pour construire le mythe d'un pays fort et gagner la compétition internationale dans la dernière ligne droite des Trente Glorieuses.

Et demain ? Le principe de précaution qui envahit nos sociétés constitue une menace pour notre mythe de la verticalité : va-t-on devenir coupable de promouvoir des invitations à la prise de risque ? À quand une censure des images d'escalade ou des pentes avalancheuses ? À quand l'interdiction d'exagérer un récit le soir en refuge sous l'emprise de trois verres d'un génépi désinhibiteur ?

Le principe de réalité, auquel se joint souvent la peur du risque, constitue une autre menace pour les mythes de montagne. Risques réels et objectifs mais aussi risques ressentis et subjectifs. Nous sommes parfois impressionnés de manière exagérée par une pente en glace sombre, un nuage au petit matin, un rocher de mauvaise allure, une trop large crevasse, une contrée exotique. Ces risques surestimés rendent humbles jusqu'au renoncement. Il devient même très tendance d'exprimer ses craintes, ses doutes et ses larmes. Futur mythe que celui de l'*homo humilitis* maîtrisant ses passions et sachant renoncer en toutes circonstances ? Ce serait au moins la fin du mythe du *no limit*, ou celui du *Citius, Altius, Fortius* (*plus vite, plus haut, plus fort*, devise des Jeux inspirée des mythes olympiens). Le doute, le renoncement, le fameux « mal des rimayes », constituent ainsi des antidotes efficaces au colportage du mythe de la verticalité plus que verticale. La trouille est, si j'osais, un anti-mythe des plus efficaces !

Diplômé en biologie et management, guide de haute montagne, Rémi Engelbrecht dirige la société de formation Alaika.
Son livre *Faire la trace* (info@alaika.com, 2008) établit des passerelles entre des expériences vécues en haute montagne et les problématiques managériales.

Yves Exbrayat

Katmandou

« Un joyau newari unique au monde, fait de temples et de palais surgissant intacts de la nuit des temps, où l'on pouvait voir en pleine rue une ménagère profiter de la brise pour séparer le son de ses grains de blé… » se souvenait récemment Guido Magnone[1] à propos de son premier passage dans la petite ville de Katmandou au milieu des années 50. Le Népal venait de s'ouvrir au monde et accueillait les premiers alpinistes en quête des Géants de la terre.

Bientôt la seule évocation de la bourgade asiatique allait nourrir nos fantasmes d'adolescents mal dégrossis écoutant en boucle Frank Zappa, Janis Joplin et les monstres sacrés qui puisaient leur inspiration musicale dans la défonce psychédélique.

Bientôt, son image brumeuse au pied de l'Himalaya allait devenir le but ultime de grandes virées initiatiques marquant la rupture avec les valeurs de l'Occident. En stop, en combi VW ou en 4L, des vacanciers professionnels, mi-étudiants dorés, mi-hippies intérimaires, entreprenaient ces road trips sur le *Hippie trail* – la route du shit – Pink Floyd et Grateful Dead à fond de

[1] *Alpiniste et sculpteur, Guido Magnone a fait partie de l'équipe française victorieuse du Makalu (8 463 m) en 1955. Il est décédé en juillet 2012.*

magnéto en traversant l'Europe et les hautes terres de l'Asie. Et s'il fallait passer en serrant les miches dans des coins réputés dangereux de l'Anatolie, la découverte de pays pacifiques comme le Pakistan ou l'Afghanistan – dont on ramenait des vestes en poils de chèvre très tendance – suffisait à magnifier l'expérience et autorisait à s'exprimer ingénument et sans retenue sur la « beauté » des peuples montagnards « vivant sereinement dans la paix et le dénuement »...

L'arrivée à Katmandou, lorsqu'on n'était pas tombé en rade, c'était le Graal. Dans un syncrétisme idéologique débridé, elle signifiait le refus de l'Occident consumériste, l'opposition à la guerre du Viêt Nam, la critique du capitalisme, la défiance de la bourgeoisie engoncée dans ses costards et ses corsages à froufrous. La ville représentait le paroxysme du vent de *liberté* qui soufflait sur les Trente Glorieuses pudibondes : on pouvait y croiser des filles très belles aux cheveux longs et aux petits seins qui flottaient librement sous d'amples robes échancrées, les corps et les joints se consommaient sans entrave. *Peace and love* n'était pas uniquement un slogan... Bien sûr, cette ville paradisiaque n'existait pas vraiment mais on y recherchait LA vérité, et la seule parole qui semblait valable émanait des voyageurs échappés des communautés de Haight Ashbury[2]

[2] *Quartier de San-Francisco berceau de la contre-culture et du mouvement hippie.*

ou d'Amsterdam : haschich moins cher que le persil en vente libre sur les marchés et piaules à quatre dollars par mois. Il n'en fallut pas davantage pour lancer la grande migration et noyer le *flower power* dans les vapeurs de shit, d'acide et de brown sugar. À glander toute la journée sur les marches des temples de Durbar Square et, le reste du temps, baiser et se camer dans des cloaques délabrés de Freak Street, des centaines de hippies y ont laissé leurs illuminations spirituelles. Ceux qui ont cramé sur les ghats de Pashupatinath après une overdose fatale sont les seuls ayant réellement approché Dieu. Les autres ont fini par livrer leur toxicodépendance et leurs gonocoques à la pharmacopée occidentale avant de se réadapter (éventuellement) à la civilisation honnie. Et le mythe de cette terre de *liberté* a résisté, véhiculé par les voyageurs ne se laissant envouter que quelques heures par une idée très subjective de la *freedom attitude* avant de faire demi-tour rapidos.

Guido est parti vers un autre paradis. Les vieux hippies qui ont gardé leurs oripeaux sont allés se mélanger à la jet-set sous le soleil d'Ibiza ou Goa. Les bobos-voyageurs reviennent à Katmandou pour un trek entre deux séjours au Club Med. Exit le point de chute et de non-retour. Katmandou est restée une plaque tournante, mais cette fois pour le trafic de visiteurs momentanés en partance vers les hautes vallées du Khumbu, des Annapurna ou du Langtang. La bourgade aux effluves épicées est devenue une grosse ville du tiers-monde, crade et polluée, entourée de faubourgs misérables, réservant son centre historique aux boutiques à touristes débordantes de babioles, bondieuseries hindo-bouddhistes et contrefaçons de vêtements d'alpinisme. Un gros nuage d'oxyde de carbone couvre la « petite brise » de Guido : la population a été multipliée par dix et les bagnoles fumantes ont envahi les ruelles dans un brouhaha invraisemblable de klaxons et de mécaniques mal réglées. Introuvable, la fine silhouette de Jane Birkin[3] est remplacée par celles de solides trekkeuses qui ont largement gagné en mollets et poitrines. Sur les terrasses des bars de Thamel, les montagnards sont là, costauds et affûtés. Plus le moindre zonard hirsute, seuls quelques sâdhus embrumés, saints hommes au service de Shiva, traînent leur carcasse oisive et famélique dans les sites les plus visités en quête de roupies célestes.

Et pourtant, sous la crasse et les merdes de pigeons, derrière les fils électriques et les tas d'ordures, au milieu des vaches et des camions, les temples sont toujours là, témoins immuables des excès d'hallucinogènes et d'hédonisme sexuel qui ont jalonné l'histoire de cette ville sans que les

[3] *Dans* Les chemins de Katmandou, *film noir d'André Cayatte (1969), Jane Birkin joue le rôle d'une fille superbe – bien qu'un peu plate – qui s'enfonce dans la défonce jusqu'à la mort.*

autochtones ne s'en émeuvent. L'Occident est passé sans bousculer les croyances et l'emprise spirituelle. Drôle de panachage. Mystérieuse tolérance. C'est peut-être pour cette force qu'on s'y sent bien dans cette capitale pourtant aussi merdique que toutes les capitales merdiques.

Dans les échoppes de Katmandou, Janis s'est tue. Bob Marley et Alpha Blondy ont pris le relais, comme une réminiscence des années fumette quarante ans après l'interdiction des stups. Le reggae se mélange aux chants népalais et aux mantras tibétains dans une cacophonie exotique : *I wanna love you And treat you right I wanna love you Every day and every night... Sampiriri Sampiriri... Om mani padme hum...*

Yves Exbrayat est directeur de l'Office du Tourisme de Grenoble et du téléphérique Grenoble-Bastille. Son premier roman, *Un mois d'émois*, JMEditions, 2010, satire sociale des expéditions himalayennes, a été primé au Salon du Livre de Montagne de Passy 2011.

Claude Gardien

Une courte histoire de l'Alpe homicide

L'été était de mauvaise humeur depuis bien trop longtemps. Moi aussi.
Comme tous les matins, je suis allé à la fenêtre, espérant découvrir un coin de montagne, un rayon de lumière. Rien. Du gris, foncé. De la pluie, tenace.
Comme tous les matins, j'ai allumé la radio. J'ai l'habitude de prendre les mauvaises nouvelles du monde dès que j'ai jeté un coup d'œil sur mes montagnes. Peut-être pour me signifier qu'il est temps de mettre le café en route…
De toute façon, j'ai le réveil maussade.

Les infos d'une grande radio nationale n'ont fait aucun effort pour me *dégringer*. La voix mal assurée d'un stagiaire estival singeait celle des vieux routiers des ondes, imitait leur rythme et assénait un sempiternel « prudence en montagne : deux morts dans les Alpes ce week-end »… Zut ! Pauvres gars… À l'annonce d'une telle nouvelle, mon premier sentiment reste la compassion. Ça pourrait être moi. Ça a été trop d'amis. Puis vient la colère : mais qu'est-ce qui leur plaît tant dans ce genre de nouvelle, à ces comiques des médias ?

Ce matin-là, j'ai attendu que le laborieux qui égrenait les catastrophes aoûtiennes revienne à son marronnier. Le temps de me demander où et comment ces deux collègues avaient mis un point final à leur carrière. Il faisait mauvais depuis dix jours. Où pouvaient-ils traîner ? La réponse arriva : l'un dans les Dolomites, l'autre dans les Hohe Tauern. Un journal français d'audience nationale « faisait les alpinistes écrasés » de massifs des Alpes orientales que les auditeurs étaient incapables de situer sur une carte de l'Europe ! Ce qui ne devait pas empêcher ces auditeurs de se délecter de cette triste nouvelle, eux à qui pareille mésaventure ne risquait pas d'arriver : bien au chaud dans leur camping de la Côte, ils étaient immortels, ces instruits…

Un jour, j'avais demandé à un mien Amy ce qui pouvait bien fasciner les journalistes, donc le public, dans les accidents de montagne. Ledit Bernard avait essayé une théorie pas idiote : « Les alpinistes, en se montrant au sommet des montagnes, se mettent au-dessus de la mêlée des mortels. Qui, en juste retour, ne les aiment pas beaucoup. On ne pardonne pas grand-chose à ceux qui se mettent en position élevée ». Certes. J'avais déjà éprouvé cette antipathie que grimpeurs et alpinistes suscitent. Elle ne date pas d'hier, et n'émane pas forcément d'esprits médiocres. Le plus illustre de ces cas est sans doute John Ruskin[1]. Critique d'art, lui-même peintre doué d'un joli coup de pinceau, écrivain enflammé mais finalement anecdotique, il utilisa toutes les ressources de son esprit cultivé à stigmatiser les gymnastiques infâmes des alpinistes, véritables profanations des sculptures sublimes des *Cathédrales de la Terre*. Le pauvre homme, de santé assez faible, n'eut jamais le loisir d'éprouver la robuste constitution de la protogine dont sont faites les aiguilles de Chamonix auxquelles il vouait un culte éploré. Il trouva son bonheur dans la diatribe, là où d'autres le trouvaient dans l'action et le jeu avec les montagnes tant aimées. Ruskin, amant platonique des Alpes, en resta toute sa vie un puceau[2].

L'explication ne suffisait pas. Historiquement, les Britanniques ont inventé l'alpinisme. Ils ont aussi inventé l'Alpe homicide. Les catastrophes célèbres ont mis en scène des guides locaux, personnages attachants mais un peu rustres pour intéresser vraiment la Gentry, sauf sur le plan de l'ethnologie. Mais très tôt, les accidents de montagne ont également décimé les rangs des honorables sujets de Sa Gracieuse Majesté, clients de ces rudes montagnards. La catastrophe du Cervin

[1] *John Ruskin (1819-1900) connut la célébrité grâce à son travail de critique exposé dans ses cinq tomes de* Modern Painters *publiés de 1843 à 1860 où il proposait une nouvelle façon d'appréhender l'art.*

[2] *Si John Ruskin ne mit jamais les pieds en haute montagne, son mariage avec Effie Gray fut par ailleurs annulé pour non-consommation et suscita de nombreuses interprétations.*

de 1865 interpella l'opinion, à juste titre. Quatre morts sur une cordée de sept, parmi lesquels Lord Francis Douglas et le Révérend Hudson, précipités dans le vide en compagnie du jeune Mr Hadow et de Michel Croz, fameux guide trop vénéré pour être passé par pertes et profits ; la société victorienne s'interrogea. D'autres accidents, au Lyskam par exemple où trois guides de la même famille partagèrent le destin funeste de leurs clients britanniques, n'arrangèrent pas l'image de l'alpinisme. Et quand le capitaine Arkwright, aide de camp du vice-roi d'Irlande, laissa la vie sur les pentes du mont Blanc (1866), c'en fut trop. La reine Victoria s'émut de cette hécatombe parmi ses sujets et un débat houleux eut lieu au Parlement.

En France, le retard pris en matière d'alpinisme laissa notre société à l'abri de ces indignations. Le Club Alpin Français est créé en 1874, histoire de redorer le blason d'un pays terni par la défaite de 1870. La devise du club – *Pour la patrie, par la montagne* – allait resservir soixante-dix ans plus tard dans des circonstances analogues, le gouvernement de Vichy trouvant dans l'alpinisme un sport propre à (re)former une jeunesse affaiblie par le confort et les congés, sans doute trop payés… Ce fut *Jeunesse et Montagne*, mouvement créé par un général de l'armée de l'air au sein duquel débutèrent la plupart des alpinistes qui firent la légende de l'après-guerre : Terray, Lachenal, Rébuffat… Vint alors un temps béni où l'Alpe n'était plus « homicide » : l'alpinisme allait participer au lifting de l'image d'une nation qui devait se remettre d'une défaite sans gloire que la Libération peinait à faire oublier. Il se trouvait parmi les alpinistes de haut niveau quelques spécimens qui s'étaient illustrés dans la Résistance. L'un d'eux, Maurice Herzog, dirigera l'expédition destinée à gravir l'Annapurna, et à raviver par là même les couleurs du drapeau national… Et Lionel Terray, membre illustre de l'équipe victorieuse, deviendra une icône de l'alpinisme : ses expéditions autour du monde, sa participation à des sauvetages difficiles imposent le respect. Issu d'une famille respectable, à l'aise en public et dans les médias, Terray passe bien. Son allure Monsieur Tout-Le-Monde aide le Français moyen à s'identifier au conquérant. Il lègue à l'alpinisme un message, sous forme d'un livre magnifique. Son titre, extraordinaire, *Les conquérants de l'inutile,* est passé dans le langage courant. Trois ans après la publication du best-seller, Terray fait les frais de cette conquête qu'il avait si bien écrite… et occupe les Unes des journaux comme jamais il ne l'avait espéré dans les plus fous de ses rêves de première. L'histoire d'amour du ménage à trois

– alpinisme / presse / public – était close. Elle fit mine de perdurer au temps des exploits d'un René Desmaison qui sut jouer avec les médias. Mais aucune première, hivernale ou solo du grand alpiniste n'eut le retentissement des deux sauvetages dans lesquels il fut impliqué : celui de deux Allemands perdus dans la face ouest des Drus en 1966, et le sien propre dans la face nord des Grandes Jorasses en 1971. Ainsi, entre deux premières de niveau international réussies par René, l'Alpe homicide refaisait surface privilégiant la dramaturgie à suspens plutôt que les récits de réussites qui allaient pourtant marquer l'histoire alpine.

Courte embellie au cours des années 80 : l'époque *fun*, celle de l'émission *Ushuaïa* et des débuts de Nicolas Hulot payant de sa personne aux côtés des pratiquants des « sports extrêmes » qu'il magnifiait d'une voix essoufflée par l'effort. La mode était à l'argent facile, aux gagneurs, aux couleurs vives. Puis le soufflé retomba. Trop-plein d'images spectaculaires finit par banaliser l'exploit. Trop d'images tuent l'image ? Les défis arithmétiques simples à comprendre (Les 3 faces nord de Christophe Profit ou L'Everest en 24 heures de Marc Batard) s'épuisent, le nombre d'émissions de télévision décroît, et à partir de 1990, une génération s'éteint.

L'alpinisme peine à sortir de la rubrique faits divers où médias et opinion publique semblent vouloir le confiner. Les grands médias se sont désintéressés de la performance. Trop sophistiquée, elle est devenue illisible : style, éthique et difficultés techniques ésotériques en dehors du micro-milieu. Dommage, car les alpinistes eux-mêmes semblent avoir sauvé l'esprit de leur pratique en maîtrisant les moyens employés (abandon de la surenchère de cordes fixes, des camps préétablis et de l'aide de porteurs d'altitude) et en remettant « l'impossible » à l'ordre du jour. Ils savent réintroduire de l'aléatoire dans leurs projets, conscients qu'en se réappropriant le *By fair means*, certaines ascensions réalisées hier leur sont momentanément inaccessibles aujourd'hui et que d'autres le seront pour longtemps.

Paradoxe ultime d'une nouvelle génération douée, polyvalente et décomplexée : le succès sera rare, et la probabilité de figurer à la rubrique faits divers de nos grands journaux reste plus grande que celle de voir célébrer à la Une leurs réussites incomprises.

Guide de haute montagne, écrivain et journaliste, Claude Gardien est rédacteur en chef de *Vertical*. Dernier ouvrage paru : *Les plus belles montagnes du monde*, Glénat, 2010.

Bernard Germain

Montagne vierge

J'ai souvent entendu parler de cimes inviolées. Il y a même un mot pour désigner ces montagnes qui n'ont pas été gravies, on les dit « vierges ». À l'inverse, on est plus embarrassé avec « montagne violée » qui ne se dit guère, alors on parle pudiquement de montagne conquise, de voie ouverte, de voie nouvelle... D'un côté il y aurait la nudité immaculée de « la montagne vierge », de l'autre des euphémismes pour dire la violation de la montagne gravie : c'est une belle montagne, une belle voie, un itinéraire splendide...

Malgré les fientes des chocards posées depuis des lustres sur toute cime, malgré les frasques et les copulations sommitales des lézards, le mythe de la montagne vierge reste la plus forte des valeurs ajoutées aux tentatives d'exploration humaine. La quintessence de l'alpinisme c'est donc, encore et toujours, une expédition qui part à la conquête de la virginité. De toutes les variantes d'amour de la montagne, la défloration alpine est l'entreprise extrême qui exalte le mieux la notion de « première » fois. Ouvrir une voie, faire une « première » c'est l'hyménée ! Quand la montagne a été conquise par sa voie normale (la voie naturelle comme on dit pour les accouchements), il reste encore à vaincre toutes ses parois restées vierges, par des cheminements complexes puis par des directissimes qui vont droit à la cime, d'abord au forceps (avec force pitons, friends et autres coinceurs), puis tôt ou tard en free style, « à mains nues ».

La convoitise de la virginité suppose une approche subtile, l'accès doit être difficile et caché pour que l'exploit prenne place tout en haut de l'échelle des valeurs : on se souvient des tours et des contours de l'expédition de 1950 pour parvenir au camp de base de l'Annapurna, la déesse d'abondance ; on se rappelle aussi les manœuvres de Walter Bonatti pour arriver à l'attaque du pilier des Drus par une gorge profonde.

La confrontation à la virginité des montagnes féminines et des pics phalliques est de l'ordre de l'épopée et du lyrisme. Souvent « les ouvreurs » se révèlent illuminés par leur exploit. Parvenus sanglants mais heureux au bout du Doigt de Dieu[1] ou au pied de la statue de la Vierge boulonnée au sommet, les vainqueurs pleurent, crient, éructent, se congratulent, tombent à genou, lèvent les bras, le poing, écartent deux doigts… et tombent à la renverse dans la descente.

Parfois la paroi fait peau neuve… une face en-

[1] *Pic central de la Meije, 3973 m, et second sommet de la montagne.*

tière de la montagne s'effondre emportant l'itinéraire de la première ascension qui se brise en petits morceaux comme le miroir de la mariée. Alors sous les dessous de la belle voie ouverte jadis se découvre une paroi nouvelle et virginisée. Des alpinistes voudront être les premiers à passer par là. Hélas, la seconde « première » n'a jamais le même panache, le même charme que la conquête initiale car nous gardons en mémoire l'acte civil du premier mariage : le topo de la voie originale réalisé par l'ouvreur initial… Comment oublier le pilier Bonatti, même après qu'il soit tombé dans la vallée ? Il nous restera toujours le souvenir irremplaçable de ce jet de perfection soudainement mutilé…

Dans le milieu des alpinistes, les premières n'ont rien d'intimes, elles appartiennent immédiatement à l'histoire collective et sont vouées à la publicité. Un topo est rédigé à la hâte pour éconduire les autres postulants, c'est une rédaction pour la postérité dans le style précis d'un procès-verbal enregistrant une forfaiture dans un commissariat de quartier : avec la déclinaison de l'identité des protagonistes, le lieu et la date du passage à l'acte, la description des conditions et le choix des outils. Le topo fait partie des us et coutumes du milieu montagnard : on ne publie jamais les bans, les fiançailles restent secrètes, mais la défloration fait l'objet d'un long développement impudique, avec une étonnante précision de la gestuelle, du mouvement des grimpeurs, de l'évaluation des textures du roc et de la glace, de la durée de l'action, des difficultés rencontrées, du matériel nécessaire pour en arriver là, et plus étonnamment… assorti de conseils aux suivants ! Quelquefois, la retenue de l'amoureux passe sur les détails et se contente de dire le plaisir et la beauté du geste sans en coter l'intensité, mais d'autres, les plus « m'as-tu-vu », n'hésitent pas à recommander l'usage du perforateur dans la panoplie de séduction. Ce genre d'exploit violent qui relève du *hard* est l'objet de critiques acerbes et de condamnations par les puristes : l'authenticité de l'évènement pourra même s'en trouver contestée, ainsi le mariage blanc de Cesare Maestri[2] perforant le Cerro Torre pour parvenir à ses indécentes fins sommitales…

L'éthique des grimpeurs attribue une grande valeur et tous les mérites au corps à corps sans artifices, l'union libre avec la paroi, sans assurance, à mains nues, un bandeau dans les cheveux, le sac de pof entre les cuisses, celui de magnésie aux fesses du solitaire délié, humble et silencieux.

Etranges mœurs alpines ! À la fois généreux et partageur autant que cynique et pervers, le premier prétendant vise toujours la perspective flat-

[2] *Après une première ascension controversée du Cerro Torre (1959), l'alpiniste italien Cesare Maestri revendique une seconde ascension en 1970 en s'aidant d'un compresseur pour forer des trous facilitant la pose de pitons dans la roche compacte…*

teuse d'être suivi par le plus grand nombre de répétiteurs. Il fait la trace… découpant en pointillé l'itinéraire à suivre. Cette absence de jalousie pour l'élue de l'hyménée démontre la superficialité, la légèreté de ces cordées de Sganarelle et de Dom Juan qui volent et convolent, insatiables, d'une première à une autre (on pense à la cordée comique de Maurice[3] et Gaston ouvrant « La Rébuffat » sous l'œil de la caméra…).

Mais soyons poétiques pour finir et séduire sans machisme nos égéries de la grimpe. J'entends par égéries nos compagnes qui depuis quelques années ouvrent des voies nouvelles, en cordées et en expéditions exclusivement féminines. Renouons en marivaudant… Que pensez-vous ma muse de ce sonnet mystérieux de Mallarmé « le vierge, le vivace et le bel aujourd'hui » ? Mallarmé semblait assimiler *le vierge* à l'image d'une impuissance, une aliénation du *vivace* et du *bel* qui étaient raidis par le givre, emprisonnés sous la glace comme le serait le poète ou l'amant (et donc nous-mêmes) à l'instar des ailes d'un cygne prises sous « le transparent glacier des vols qui n'ont pas fui ». En opposition, Théophile Gauthier développait un tout autre argument, il voyait en « la cime immaculée » l'image d'un véritable défi lancé à l'impuissance de l'humanité…

Et nous, femmes et hommes des cimes,

[3] *Le violoncelliste Maurice Baquet et le guide Gaston Rébuffat lors de la première ascension de la face sud de l'aiguille du Midi.*

confrontés quotidiennement à la concurrence des genres et à la souillure du monde, voyons-nous de là-haut autre chose qu'un grand vide où sauter dans le sillage fulgurant de Mallarmé ?

« Vertige ! voici que frissonne
L'espace comme un grand baiser
Qui, fou de naître pour personne,
Ne peut jaillir n'y s'apaiser. »

Guide de haute montagne, écrivain et cinéaste, Bernard Germain dirige la revue *La Montagne & Alpinisme*.
Dernière réalisation : *Le nouveau refuge du Goûter,* production MC4 – Montagne TV – Ushuaïa TV, 2012.

Yvonne Giordano

La Turbie

Wikipedia : « La Turbie est située au point culminant de la Via Julia Augusta [...] à 450 mètres juste au-dessus de Monaco, sur le promontoire de La Tête de Chien. [...] La commune [...] a été démembrée au début du XXe siècle. Seul l'ancien chef-lieu regroupé autour du Trophée d'Auguste forme l'actuelle commune. »

Si le célèbre trophée rappelle à la mémoire la présence impériale de Rome en ces lieux, il est une autre histoire qui fit de La Turbie le berceau de générations de grimpeurs. Loin de la grande histoire des civilisations, une page s'est écrite sur ses flancs lorsque l'escalade dite « libre » fit son apparition. *La Tête de Chien*, *La Loubière* ou *La Paroi du Fort* résonnent encore aujourd'hui comme des lieux de plaisirs verticaux inondés de soleil l'année durant. Terrain de jeu quasi vierge à la fin des années 70, le mythe calcaire de la Riviera turbiasque naquit, entre Italie, France et Monaco au tournant des années 80. Multitude de voies furent équipées dont les styles pouvaient satisfaire tous les appétits : concrétions, dalles elfiques, cannelures, gouttes d'eau, surplombs athlétiques.

Les années fluo furent aussi celles de l'affluence, faisant de La Turbie un site international pour le plus grand plaisir des adeptes de ce qu'en des temps immémoriaux on appelait varappe.

Ce virage dans les pratiques ascensionnelles fut popularisé par deux personnages qui donnèrent à voir aux publics des mondes verticaux, chorégraphies et opéras suspendus. Les deux Patrick (Edlinger, le Blond et Berhault, le Brun) firent de « l'escalade à mains nues » – bien étrange dénomination – une référence à la fois technique et visuelle. Portées par les prouesses en parois de photographes et cinéastes imaginatifs, les créatures sculpturales firent l'objet d'innombrables tournages sur les figures d'ascensions libres, parfois sans assurage pour ces adeptes du solo intégral. Cette esthétique du geste à la fois pur et travaillé, athlétique et fluide, signa une nouvelle éthique de la grimpe et marqua une nouvelle esthétique.

Le grand public connaissait surtout le Blond, mais l'espace turbiasque était davantage habité et sillonné par le Brun. Qui, parmi les adeptes de l'escalade n'a pas souvenir des voies Berhault pour leur originalité déroutante ? Si l'Homme était déjà entré dans la légende de la haute montagne à la fin des années 70, il fut élevé au rang d'icône par une réalisation dont le nom fit écho au trophée impérial. *Le Toit d'Auguste*, recoin secret à l'abri des regards des badauds est à l'écart du village perché. Juste à côté des *Traversées du bas*, ce lieu fit l'objet de tous les désirs d'apesanteur tant l'avancée du fameux *Toit* est une invitation fulgurante. La voie imaginée par Berhault recélait les ingrédients d'un défi qui ne fut réitéré que bien plus tard. Pour des générations de grimpeurs, pour le monde de l'escalade, ce *Dévers*[1] restera l'une des réalisations définitivement associée à celui qui, par ailleurs, vécut nombre d'aventures, de sommets et de voyages. Créature hybride, mi-athlète, mi-danseur, la métamorphose définitive de Berhault s'accomplit sous l'œil des cinéastes Bernard Giani, Laurent Chevallier ou encore Bruno Soldini[2].

Mais loin du héros que décrit la mythologie alpine, l'Homme portait en lui une étrange alchimie de sensibilité et de détermination douce et souriante qui contrastait avec ces images athlétiques imprimées sur papier glacé. Si loin des médias et pourtant si lié à eux, le contraste était grand entre l'image qui éloigne et crée la distance et la rencontre simple qui l'annule subitement. Et ce que d'aucuns pourraient appeler paradoxe n'était que le produit d'une scénarisation orchestrée. Disponible et présent à tous, drôle et d'une exquise gentillesse, il grimpait comme il respirait : simplement, naturellement.

[1] Dévers, *film emblématique de Laurent Chevallier (1981).*

[2] Metamorfosi (Metamorphosis), *réalisé par Bruno Soldini (1987).*

La mise en images permanente de ces années laissait voir un corps qui ne donnait nullement la sensation de force brute et violente, bien plutôt une chorégraphie, tantôt volubile et pleine d'humour, tantôt éthérée et pure, mais jamais besogneuse. Cette mise en récit progressive fit de lui un homme solaire en harmonie avec le rocher. Avec la roche, il ne faisait qu'un, à la manière d'une circulation d'énergie entre matière et corps dansant. Sans doute, cette multiplication des images de verticalité jamais domptée mais épousée a-t-elle contribué à faire de lui un représentant vivant « du désir d'évasion au lieu hyper, ou supra, céleste »[3]. *Grimpeur Étoile*[4], l'un de ses films les plus diffusés, constitue sans nul doute une trace en forme de clin d'œil pour une icône dans cet univers de verticalité où la souffrance et la mort côtoient l'idéal et la complétude de soi.

Si vous passez par La Turbie aujourd'hui, vous n'y verrez plus cette escalade secrète et flamboyante, mais quelques dizaines de grimpeurs occupant des à-côtés accessibles et plus modernes que les voies devenues presque historiques de la période Berhault. Tout comme les rues du village, ces dernières connaissent elles aussi la patine, celle inlassablement façonnée par la gomme des chaussons et les doigts blanchis de magnésie. Si Patrick n'est plus là, il est un coin de Riviera qui

[3] Les structures anthropologiques de l'imaginaire, *G. Durand, 1984, Dunod, p. 141.*

[4] *Réalisé par Laurent Chevallier, 1989.*

demeure à jamais son berceau. Le 8b+ du *Toit* a été répété et le lieu est aujourd'hui sous veto d'un panneau surréaliste : « Accès strictement interdit. Risque de chute ». Le visiteur qui s'y risquerait malgré tout y trouverait un silence étrange, comme habité par un souffle. Le souffle d'un mythe parti le 28 avril 2004 et qui nous laissera à jamais *encordés mais libres*[5].

Yvonne Giordano est professeur en sciences de gestion à l'université de Nice Sophia-Antipolis. Elle travaille actuellement sur la prise de décision et les équipes évoluant en contextes complexes et difficiles (et notamment en haute montagne). Dernières publications : *Gregory Bateson et la communication paradoxale* dans l'Encyclopédie des Ressources Humaines, J. Allouche, Vuibert, 2012 ; *Les alpinistes dans l'imprévu : une vision naturaliste de la décision* avec G. Musca dans la Revue Française de Gestion, 2012.

[5] Encordé mais libre, *Patrick Berhault, 2001, Grenoble, Glénat.*

Antoine Haincourt

Skitour

Plus aucun skieur ne se hasarde sur les pentes de l'Alpe sans le consulter. Il est devenu le nouveau magistère de la communication. Skitour, le site communautaire marque l'avènement d'une nouvelle ère qui bouleverse l'approche du ski de randonnée[1].

Avant Skitour, le ski de randonnée était un exercice de persévérance et de patience dont le long apprentissage était réservé à de rares initiés volontaires et opiniâtres. C'était l'affaire d'une vie, celle d'une relation entre l'homme et le milieu alpin. C'était une affaire d'expérience initiatique où les échecs et les réussites instruisaient l'âme pure du montagnard dans une progression lente vers la connaissance et l'adaptation à son territoire. Le skieur de randonnée avait quelque chose à voir avec le « bon sauvage » qui semblait vivre en harmonie avec la mère Nature.

Autre temps, autres rythmes. Skitour rompt avec cette quête d'absolu et de lenteur devenue soudainement dérisoire. Aujourd'hui, le nouvel oracle nous exhorte à plonger dans une odyssée quotidienne sur la toile où la navigation dans l'im-

[1] *Aujourd'hui qualifié de « ski alpinisme » ou de « ski de montagne ».*

mensité des contenus a remplacé l'approche à vue. Au plaisir de marquer la neige d'une empreinte éphémère, Skitour substitue celui d'imprimer sa trace persistante sur le web. Le voyage virtuel – anticipation du voyage réel – éveille nos sens et médiatise cette relation entre le skieur de randonnée moderne et son environnement. L'ascension nonchalante du montagnard primitif laisse place à l'urgence du plaisir immédiat. Skitour met à découvert un nouvel ordre d'une montagne dépouillée de ses mystères. Puissance divine tombée de son piédestal, la voilà réduite au rang de simple aire de jeu.

Skitour est devenu le théâtre du fameux *Skitourien* – cet explorateur hédoniste, libéré de la contrainte de l'incertitude, à la fois maître et possesseur de cette nature nouvellement domptée. Passé expert dans l'art de nous transporter dans son univers épique qui met nos sens en éveil, il aiguise notre appétit en propulsant les coulisses de ses propres « Hold up du siècle » au-devant de la scène, « torchant les couloirs en envoyant du gros ». Skitour est un véritable réservoir duquel jaillissent des flots continus de comptes-rendus de performances des plus ordinaires comme d'expériences les plus incroyables.

L'entrée du Skitourien sur cette scène homérique est rendue possible par le choix d'un pseudo qui révèle ce qui d'ordinaire nous reste caché. Mais que la pente se raidisse et atteigne le chiffre magique du cinquième degré et soudain ces *Ouriens*[2] de *l'extrême-mise-en-scène* lèvent le voile de leur anonymat. On passe de la société du spectacle à la société de *l'omni-regardance*, de *l'auto-regardance*.

La richesse linguistique est à la base de la culture ourienne dans laquelle la poésie côtoie souvent l'invective. Le Skitourien, passé maître dans le maniement de la formule autant que celui des spatules, intensifie les interactions dans ce monde virtuel. Paradoxe du skitourisme, le pluralisme des styles et la profusion des contenus font émerger un nouveau conformisme. Derrière son ordinateur, le Skitourien se tient prêt pour « se régaler » des « conditions de ouf ». Mis en appétit par la sortie « 5 étoiles », la précipitation le conduit finalement à jouer au « post-it » sur les talons de ses semblables. Sensation du plaisir ultime le soir venu quand il communie sur la toile pour dire « moi aussi j'y étais ! » Les Skitouriens égrènent les mètres de dénivelées comme d'autres accumulent les points smiles sur leur carte *grand voyageur*. Média de la contagion, ainsi s'élabore le mythe.

Génie de cette nouvelle littératie qui réside dans l'idée que ce qu'il y a de mieux, au-delà de

[2] *Diminutif de Skitourien.*

savoir appréhender les conditions de la montagne, de devoir faire corps avec elle, c'est de savoir que l'information est là, à tout moment.

C'est sûr, cet hiver encore, nous serons à nouveau nombreux à pianoter derrière nos écrans.

Antoine Haincourt est consultant en stratégie de marques. Il anime une chronique mensuelle dans les magazines *Sport Première* et *Outdoor Experts*.

Benoît Heimermann

L'Annapurna

Soixante-deux ans après que reste-il de l'Annapurna ? De la glorieuse ascension de l'expédition française ; de l'assaut extatique de Maurice Herzog et de Louis Lachenal ; de la retraite calamiteuse des valeureux héros ? De la belle histoire dorée sur tranche ? De l'exemple et du message ? Un livre peut-être, deux cent quatre-vingt-treize pages de pur enchantement, une saga glorieuse dont les vertus prosélytes ont contaminé plusieurs générations d'alpinistes. Un titre, *Premier 8 000*, dont l'énoncé, rebattu à l'envi, dupliqué à l'infini, dit tout à la fois l'exception et l'élévation. Une photographie enfin, deux bras levés, deux mains nues et un drapeau exhibé comme pour mieux souligner l'exceptionnel de la situation. Les objets du culte en quelque sorte qui, longtemps, accréditeront une chanson de geste, en définitive, davantage fantasmée que partagée, sublimée que rapportée.

La France de l'après-guerre avait besoin de référents. En matière d'aventure, elle se choisit une série de totems autour desquels étaient tenues de graviter les admirations flétries d'une jeunesse soucieuse de redresser la tête. À Cousteau, la mer et les profondeurs abyssales. À Paul-Émile Victor, les pôles et les immensités glacées. À Tazieff, la tectonique des plaques et les volcans en fusion. À Maurice Herzog, la conquête des sommets et, accessoirement, l'élévation des âmes.

S'agissant du montagnard – ex-résistant avéré et chef d'entreprise avisé – c'est bien de mission dont il fut question. À la fois religieuse et militaire. Comment définir autrement la procession de ses apôtres dévoués sur les flancs de la *Déesse de la fécondité* ? Et les illuminations chantées par leur prophète qui soudain, une épée au lieu et place de son piolet, s'estima en « état de grâce » dès lors qu'il grimpait « l'échelle de sainte Thérèse d'Avila au service de la Nation triomphante » ?

L'instant magique frappa d'autant plus les imaginations que son principal rapporteur avait été touché dans ses chairs, mutilé pour le compte, et que ses compagnons se gardèrent de déflorer d'éventuels manquements à l'éthique ou à la préséance. Admise du plus grand nombre, l'épopée fut certifiée, de surcroît par le général de Gaulle en personne qui, en matière de rectitude et de grandeur, n'avait, à vrai dire, de leçon à recevoir de personne.

Sauf à réviser régulièrement ses certitudes et à accepter l'usure du temps, aucun mythe ne peut se targuer d'être éternel. Plus qu'aucun autre témoin de légende, Herzog a, de toute évidence, eu le tort d'abuser de sa position centrale. Et de taire, au fil des années, les nuances, contradictions et objections que toutes les épopées collectives naturellement recouvrent. Il a concentré à l'excès les mérites de l'exploit sur ses seules épaules et profité, à cause de cela, d'un surcroît d'attention disproportionné.

Le jour – au-delà de leurs morts respectives, au gré de lettres et journaux intimes longtemps tenus secrets – où Louis Lachenal : « Je refuse de sacrifier mes pieds pour la jeunesse de France. » ou Gaston Rébuffat : « Ah, si au lieu de ses gants, Herzog avait perdu ses drapeaux, comme j'aurais été heureux ! » levèrent le voile sur l'égotisme maladif de leur chef, l'opinion s'est, douloureusement, sentie flouée. Dès lors, la brèche était ouverte, prête à mettre en péril la statue du commandeur tout entière.

Ces récriminations initiales cachaient donc d'autres manquements plus coupables. Elles révélaient en tout cas une personnalité saumâtre, un caractère condamnable. Pour ajouter au désarroi, quelques grandes figures firent entendre leurs différences. Pierre Mazeaud, ministre respecté, tempêta, et plus encore, à propos de ce *Clark Gable* à la petite semelle coupable d'avoir « négligé son second ». Et René Desmaison, alpiniste virtuose, défendra les mémoires : « de Lachenal et Terray, plus dignes, selon lui, de monter au sommet que leur chef. »

Là encore, Herzog aurait pu étouffer l'incendie. Un acte de contrition, un remords assumé, un point de vue amendé : il disposait de tout un arsenal pour battre un tant soit peu sa coulpe. Mais comme ces autocrates ou monarques autoproclamés, qui, jusqu'à leur destitution finale, s'obstinent et s'acharnent, le martyr de l'Annapurna refusa, une bonne fois pour toutes, de redescendre sur terre.

Victime au premier chef de tant d'inconséquence, sa propre fille, Félicité, elle-même blessée de longue date, était somme toute la mieux placée, la plus légitime et la plus lucide, pour solder un parcours nettement moins bien pavé que l'histoire ne nous l'a longtemps laissé supposer. Son roman – *Un héros* – n'en était pas un qui, au-delà de ses artifices narratifs, disait un cri, une révolte et faisait état, à propos de celui qui ne l'avait – sans jeu de mot – pas élevée, d'une mythomanie et d'un narcissisme insupportable.

Restera une montagne immaculée, une première inespérée, un livre, un titre, une photographie, intangibles, inaliénables. Et, plus encore, des chagrins et des regrets par milliers.

Journaliste, Benoît Heimermann est grand reporter à l'Équipe Magazine et l'auteur de nombreux livres et reportages télévisés.
Derniers ouvrages parus : *Titaÿan, l'aventurière des années folles*, Arthaud, 2011 ; *Antoine Blondin, une écriture du sport*, L'Équipe Éditions, 2011.

Frédérique Jacquemet

La photo Tairraz

Enfant, longtemps, je me suis endormie au pied des Grandes Jorasses ! Non pas que ma chambre donnait sur le Mont-Blanc, mais chez mon père, chaque pièce avait son massif – trônant au mur – présent et puissant. Mon père, mon oncle et leur ami Fayolle étaient alpinistes à leurs moments de détente. C'est ainsi que dans notre chalet-hôtel, dès mon enfance, je fus alimentée de leurs histoires et entourée des photos des lieux de leurs exploits (ou pas…) ; j'associais très tôt la photo Tairraz à la montagne et à l'alpinisme ; je développais ainsi ma rêverie autour d'une imagerie glaciaire. Cette façon photographique d'aborder la montagne laissait tout au champ de l'imaginaire, au champ de l'esprit.

Devenue adulte, l'idée m'est venue que la photo Tairraz était la préquelle des aventures de montagne ! Il suffisait d'effectuer les liens manquants pour vivifier l'histoire de l'alpinisme telle que je l'avais entendue, enfant, pour sublimer la rencontre du réel et de l'imaginaire, le passage de la photo au métaphorique.

C'est décidé : aujourd'hui, je considère que la photo Tairraz est à la montagne ce que le coucou suisse est à l'horlogerie ! Plaisanterie me direz-vous ! Non, non, pour moi la photo Tairraz est la parfaite représentation de l'archétype du mythe. Loin de la photo souvenir, la photo Tairraz en impose ! Elle est l'image parfaite et esthétique de la montagne, belle mais inquiétante, lisse mais crénelée, lumineuse autant qu'obscure ; elle recèle mystère et majesté, angoisse et sérénité.

La lumière qui émane de cette photo est lumière cinématographique, comme si la photo était scénographiée pour exprimer tour à tour tourment majestueux ou extase rayonnante. Elle ne donne pas à sourire. Elle donne à révérence, une sorte de monarchie de l'image, altière et dominatrice.

Elle est majesté ! Elle est ce que la royauté est à la démocratie, le symbole d'une époque où montagne rimait avec gentleman, cordée avec épopée, ascension avec émotion. C'est toute cette histoire qu'elle porte en elle et qu'elle me donne à porter.

Ce qui rend la photo Tairraz si exceptionnelle c'est sa sobriété apparente, sans fard, sans effets spéciaux, présence sans mouvement, la simplicité à l'état pur, l'état d'une nature hostile, bien que nourricière, aucun procédé pour la plantation du décor et pourtant quelle mise en scène, quelle scénographie ! Elle me bluffait, enfant, et me séduit toujours !

Si la photographie est une écriture, la photo Tairraz est cette écriture en pleins et déliés, l'écriture calligraphique à la française, porteuse d'un message et à l'apparence parfaite dont le contenu analytique est Puissance, Idéal, Excellence, Infini.

Cette photo n'est pas faite pour raconter une histoire anecdotique de l'alpinisme mais pour dire et institutionnaliser l'Histoire, la grande, l'histoire pionnière de la montagne. Lorsqu'il apparaît dans la photo, l'alpiniste n'est pas un héros prométhéen, il est seulement le point qui fait valoir l'acteur, le seul important, la montagne elle-même.

La lumière se porte sur elle et tout s'anime. La lumière diminue et les ténèbres nous pénètrent tout en nous imposant leur mystérieuse parade. Inertie apparente et silence inquiétant prennent le pas sur la lumineuse face éclairée du soleil vespéral, tout teinté de son dernier hâle, joyeux, rassurant, paternel.

Illusions et rêveries… c'est l'apothéose du mythe dans son immobilité éruptive. Un simple regard à la signature en encre de neige de la photo Tairraz et je m'engouffre dans sa volupté romanesque.

Responsable de PME, Frédérique Jacquemet est une curieuse des mots et de l'Art lorsqu'il donne sens. Elle aime les jardins de mousse et de sculptures, le Japon, le champagne et Henri Michaux dont elle fait sienne la pensée : « Toujours garder en réserve de l'inadaptation ».

Patricia Jolly

Moi, Simone D., femme de mythe

Je m'appelle Simone et je n'y vois plus clair. J'ai usé mes yeux bruns à scruter les sommets sur lesquels j'ai contribué à faire de René Desmaison une légende de l'alpinisme. Parce qu'il vivait pour la montagne, je trouvais normal qu'elle le lui rende un peu en notoriété.

J'ai rencontré René chez des amis communs à Fontainebleau où il venait grimper sur les fameux rochers. J'étais comédienne. Lui, guide et professeur à l'Ecole Nationale de Ski et d'Alpinisme de Chamonix. Il n'avait pas de voiture, je l'ai ramené à Paris. Peu après, il m'a envoyé une carte d'une expédition lointaine. « Je pense à vous », disait-elle. C'était un bel homme. J'étais attirée, mais ma carrière décollait, très parisienne. J'avais tourné *Classe tous risques*, un film de Claude Sautet. J'y interprétais le rôle de l'épouse de Lino Ventura, gangster international. J'avais aussi joué dans *La récréation* de Roger Vadim avec Jean Seberg et j'étais la partenaire de Michel Simon au théâtre. J'hésitais entre cette vie riche et faite d'incertitudes et celle que m'offrait René, marginale et fascinante. J'ai délibérément manqué un de nos rendez-vous. Il a bivouaqué dans un square jouxtant mon appartement parisien. En amour comme en montagne, il lui fallait conquérir coûte que coûte. Ce jour-là, il a gagné.

J'avais découvert les cimes alpines à l'âge de dix ans quand ma mère a pris la gérance d'été de l'hôtel du Clos des Nants à Chamonix. Un choc merveilleux... En costumes Bonneval, grands chapeaux et chaussures à clous, les guides venaient chercher leurs clients pour les conduire dans ces montagnes inaccessibles. Ils incarnaient pour moi des êtres héroïques. Je passais des heures les yeux rivés à la lunette Vallot grossissant cinquante fois le spectacle des sommets alentour.

Ma rencontre avec René a réveillé ces souvenirs d'enfance enfouis, mais je n'avais pas la vocation d'une Pénélope. J'avais renoncé aux planches pour le suivre, mais je ressentais le besoin d'être utile à son existence. Habituée des médias, je me suis improvisée attachée de presse pour le mettre en scène. À l'époque, il n'y en avait que pour Walter Bonatti. En janvier 1963, il venait de réussir la première hivernale de l'éperon Walker des Grandes Jorasses avec un autre italien. Quand René est parti quelques jours plus tard avec Jacques Batkin pour la répéter, j'ai décroché mon téléphone et signalé à la télévision que la France, elle aussi, avait un alpiniste de grand talent nommé Desmaison. Ça lui a valu son premier reportage télé et son premier article de presse. René et moi formions une véritable cordée. Moi en bas, lui là-haut. J'ai un tempérament passionné et dans le cadre grandiose de la montagne où il hasardait sa vie, il n'y avait pas de place pour l'habitude. C'était aussi fort que de jouer sur la scène d'un théâtre. J'aime la marge, je n'aurais jamais pu vivre avec un homme aux horaires fixes.

Notre système de communication était au point. René partait en montagne et j'attendais deux jours avant d'alerter l'AFP. Partager la vie d'un alpiniste, c'est parler souvent de la pluie et du beau temps. Chaque jour à heure fixe, je lui transmettais donc par talkie-walkie la météo recueillie auprès d'une station de la banlieue lyonnaise. Ces rendez-vous quotidiens piquaient la curiosité des médias. Ils se sont mis à assister aux vacations, faisant vivre les ascensions de René en direct. J'écrivais aussi des communiqués que certains journalistes recopiaient sans vergogne.

Là-haut, René était le maître. Toujours, il y partait avec la passion dont on est pétri lorsqu'on s'en va conquérir une maîtresse. Le milieu alpin l'a toujours tenu pour un très grand, mais c'est le sauvetage de deux allemands en passe de mourir d'épuisement sur une vire de la face ouest des

Drus qui l'a fait connaître au grand public. La notoriété en montagne nait, hélas, plus souvent d'un drame que d'une ascension réussie. L'épisode tragique de l'éperon Walker dans les Grandes Jorasses en a été une autre illustration.

Comme il avait tourné un film sur la face nord de Peuterey, j'ai imaginé l'utiliser pour une tournée de conférences. « Il faudra parler en public ! » s'est inquiété René. Avec ma voix de tragédienne, je lui ai enseigné l'art de conter, de placer soupirs et respirations. Il pigeait très vite. Pendant des années, nous avons enchaîné les tournées. Une ville différente chaque jour pendant trois mois... Au fond de la salle, je m'acquittais du travail d'opérateur : j'envoyais le film, je l'arrêtais, je le rembobinais. Parfois je m'endormais sur l'accoudoir du fauteuil, mais à l'entracte, je vendais les livres de René tandis qu'il les dédicaçait. Notre réussite a suscité quelque jalousie dans le milieu alpin chamoniard. On s'en moquait. Notre chalet des Nants était un refuge, le port d'attache où l'on oubliait tout. J'y ai tout de même souffert de l'attente. Comme le risque, elle faisait partie de notre vie. Je l'avais acceptée car elle était assortie de ces retrouvailles qui protègent de la lassitude. René fonctionnait comme un ado. Il était généreux, dépensier, négligent. Il avait des projets pour deux vies et besoin d'une femme maternante, indéfectible. En presque trente ans de vie commune, il n'a jamais ouvert un courrier. Je gérais tout. Auprès des femmes, il avait un succès fou. Je faisais de mon mieux pour ignorer cela, mais il m'était pénible de les voir s'agglutiner autour de lui. Quand j'osais un peu d'amertume, il coupait court : « Tu es ma femme, c'est toi que j'aime ».

L'attente de ses retours m'a inspiré mon premier roman *La Face de l'Ogre* publié en 1984 et adapté quatre ans plus tard à la télévision par Bernard Giraudeau. Mon grand alpiniste en a pris ombrage. Je ne me consacrais plus exclusivement à lui et à sa carrière. « Ce n'est pas parce que tu as écrit un livre que tu es écrivain » m'a-t-il lancé.

Notre cordée tanguait alors. Mon homme au parfum de cimes s'abimait. Il vivait mal l'arrivée de la soixantaine, alors qu'on avait le vent en poupe. Nous étions en passe d'obtenir pour deux ans une émission de télévision équivalente à *L'odyssée sous-marine* de l'équipe du Commandant Cousteau. On avait aussi le projet de créer une école de montagne René Desmaison, l'hiver à Fontainebleau, l'été à Chamonix. Ça aurait marché du tonnerre. Mais René s'est inconsciemment sabordé. J'avais renoncé à avoir des enfants de lui de peur de devoir les élever seule s'il disparaissait en montagne. Je ne l'ai pas perdu en montagne. J'aurais préféré. Il m'a quitté pour la fille de riches voisins, de 30 ans sa cadette. J'ai manqué mourir de cette séparation. J'ai cru guérir en quittant Chamonix pour un village de la forêt de Fontainebleau. Il ne lui a fallu que quelques mois pour se fixer à deux pas de chez moi avec sa nouvelle compagne. Chaque matin, il venait réclamer son café, m'apporter des cadeaux. Jamais il n'a imaginé qu'un autre puisse prendre sa place dans ma vie. Cette vie-là est derrière moi, j'en ai fait le deuil, mais elle m'évoque ces vers d'Alfred de Musset :

« J'ai souffert souvent, je me suis trompé quelquefois, mais j'ai aimé. C'est moi qui ai vécu et non pas un être factice créé par mon orgueil et mon ennui. »

Patricia Jolly est journaliste au *Monde*.
Dernier ouvrage paru : *Figures de proue, visages du Vendée Globe*, avec Emmanuel Chaunu, Absolute Dreamer, 2008.

Sylvain Jouty

Le piolet

Je me souviens parfaitement de mon premier piolet. J'avais huit ans, je crois. C'était ma première « vraie » course en montagne. Mon père avait entraîné toute la famille dans la traversée d'Arolla à Zermatt. On avait dormi à la cabane de Bertol, puis traversé le col d'Hérens, d'où j'avais vu pour la première fois le Cervin sur lequel je rêvais évidemment de monter un jour. Seul mon père avait un piolet.

Considérant que cet exploit me valait mes galons pour entrer dans la seule confrérie à laquelle je rêvais alors d'appartenir, celle des alpinistes, j'avais fait des pieds, des mains et des larmes pour qu'on m'en achetât un à l'arrivée. Ce fut donc un piolet suisse dont j'ai oublié la marque, un beau piolet classique à manche de frêne, bien entendu trop grand pour moi et dont j'étais très fier. Il n'est pas impossible que cette nuit-là je l'ai gardé dans mon lit. Des piolets, j'en ai eu évidemment d'autres par la suite. Mais je ne me souviens que de celui-là, depuis longtemps disparu.

C'est ainsi : la première fonction du piolet est symbolique. Il me signalait comme étant un Alpiniste, un vrai, et me distinguait des touristes et des randonneurs. À l'époque, je n'aurais d'ailleurs peut-être pas été contre une sorte d'apartheid. Encore que non, les regards que je supposais admiratifs, et qui étaient surtout étonnés (je paraissais plus jeune que mon âge), oui, je crois, m'auraient manqué. Mon piolet marquait notre différence : nous n'étions pas du même monde.

C'est pour cela aussi que j'appréciais qu'il soit contondant par ses trois extrémités : le piolet est un instrument redoutable, on le sait – il n'est pas nécessaire de revenir sur l'assassinat de Trotski. Cette menace potentielle de l'instrument me paraissait là aussi symbolique : l'alpiniste que j'étais désormais s'engageait dans un jeu dangereux, j'allais risquer ma vie dans une aventure grandiose, contrairement à ces touristes qui allaient se contenter de contempler le paysage du sommet de l'aiguille du Midi – un paysage dont ils ne prendraient jamais possession.

J'ai des excuses : non seulement ma jeunesse, mais aussi le fait que le piolet terminait alors son Âge d'Or. Il servait à tout, comme le précisaient les manuels de l'époque, et il arrivait même qu'on l'utilisât pour ouvrir les boîtes de conserve en cas d'oubli de l'Opinel. Je ne tardai guère à remarquer, cependant, que ce piolet comme les suivants, se révélait souvent un instrument plus encombrant qu'utile ; le piolet le plus souvent ne me servait strictement à rien, sinon de canne – mais dans ce cas pourquoi ne pas lui préférer une canne, justement, sinon parce que la canne était l'apanage des randonneurs ?

C'est vers les années 1920, je crois, qu'il a pris sa forme canonique, forme qu'il a conservée durant une bonne cinquantaine d'années. C'est ce piolet-là qui a conquis la face nord de l'Eiger et que tenaient en main aussi bien Rébuffat que les héros de Frison-Roche. C'est ce piolet-là que j'aimais.

Mais aujourd'hui les choses ont changé, à tel point qu'il n'est plus guère possible de parler « du » piolet. Comme les plantes cultivées, il a divergé en de multiples variétés parfois très différentes. Ce n'est plus un piolet qu'il faut posséder, mais trois ou quatre, jusqu'à l'énigmatique « piolet troisième main »… Et, par un curieux retournement des choses, c'est l'engin aux formes contournées, au manche pris de colique, ayant perdu pique et panne, qui symbolise l'alpiniste extrême, celui des surplombs de glace et du dry-tooling, tandis que le piolet classique n'est plus utilisé que par les randonneurs s'aventurant, par exemple, dans la facile traversée du col d'Hérens… Décidément, j'ai bien fait d'arrêter l'alpinisme : je ne me vois pas avec à la main un « engin » qui me paraît plus approprié dans les mains d'un quelconque *Goldorak* que dans celles d'un conquérant de l'inutile. Et à mon âge, j'aurais l'air ridicule.

Je possède pourtant toujours deux piolets que j'utilise très souvent : le *MSR (Mountain Safety Research*), après sévère taille du manche, est parfait l'hiver en picoun à truffes ; quant au *Simond Super-Contamine*, c'est le meilleur des instruments de jardinage que je connaisse.

Après avoir dirigé le magazine *Alpinisme et Randonnée* et publié une vingtaine d'ouvrages, nouvelles et romans, Sylvain Jouty vit aujourd'hui dans le sud de la Drôme où il écrit parfois, cave ses truffes en hiver et vététise le reste du temps.
Derniers ouvrages parus : *Glacier, mémoire de la planète*, Hoëbeke, 2009 ; *Alpinistes extraordinaires*, Hoëbeke, 2009 ; *Refuges de montagne*, Hoëbeke, 2013.

Sophie Lavaud

Le doute

Je suis née le même jour que mon père et mon frère est né le même jour que ma mère. Le clan des taureaux contre le clan des scorpions. Les taureaux auraient la caractéristique d'être volontaires et d'avoir la tête dure. Je m'attache à entretenir cette réputation en mémoire de mon père.

Un jour, un ami – taureau – me glisse à l'oreille : « gravir le mont Blanc est mon rêve ». Le 31 août de la même année, nous étions au sommet et mon propre rêve d'altitude s'est emballé : 5 000, 6 000, puis 7 000 mètres. L'altitude appelle l'altitude. 8 000 ? La barre est-elle infranchissable ? Le désir de flirter avec un 8 000 s'installe. Le mythe de l'inaccessible entretient le doute.

« C'est celui qui fait l'effort qui est récompensé ». Pourquoi ne pas tenter ? Pourquoi ne serais-je pas capable ? Le doute est une bestiole perverse qui s'infiltre par les pores de la peau, comme une maladie difficile à évacuer. Par le filtre du doute le discours et le comportement sont altérés. Dans le doute, l'échec triomphe.

Si je ne possède pas les compétences requises, les professionnels de la haute altitude qui encadrent les expéditions sauront me le dire. Après tout, ils sont aussi là pour ça. Si c'est justifié, renoncer n'est pas un échec. Mais renoncer dans le doute laisse des traces et un goût amer. Questionnaire d'évaluation physique et technique, liste de courses, expérience, le tout est passé à la moulinette et obtient un avis favorable. Serais-je donc capable ? Le mythe s'éloigne et la réalité prend forme.

Sur la montagne, chacun dans sa bulle lutte pour garder le cap, trouver les exutoires réconfortants qui chassent le doute, toujours lui. Dans cet environnement hostile, le moindre petit plaisir est apaisant : un bonbon, un coucher de soleil, un sourire, la vue d'un yak, une musique, une belle pensée, une *nième noodle soup*.

Pendant l'ascension, le doute est là, toujours là. Insidieux. Il rôde et envahit l'espace, accompagné des rafales de vent, du froid intense, de la faim, de la peur. Il s'exacerbe à 7 300 m, au moment de sauver la vie d'un « grand himalayiste » échoué devant notre tente à 4 heures du matin. Oui la mort rôde aussi autour des plus forts. Prendre pleinement conscience mais repousser le doute !

11 mai, Shishapangma, 8 027 m. Le doute s'éloigne… un moment. Au sommet, rien n'est rationnel, seule l'émotion stimule. 12 mai, le doute accable de longues heures pour rejoindre le camp 2 dans la neige profonde. 13 mai, le doute

submerge violemment dans la pente rendue instable par trop de neige accumulée.

Retour au camp de base, l'épuisement donne le sentiment d'être drogué. But atteint, pourquoi retrouver de l'énergie pour repartir enchaîner un second 8 000 ?

« I need you on Cho Oyu, don't leave me, you are capable, come with us ! » Une simple phrase du guide et c'est avec un grand sourire que je confirme aux sherpas qui me questionnent : « yes, I'm coming ! »

25 mai, Cho Oyu, 8 201m. Le corps a douté mais le mental a triomphé, bonheur intense.

Retour à Katmandou puis à Genève. Les gens de la plaine semblent avoir perdu une partie de l'ouïe. « Comment ? Tu peux répéter ? Tu as gravi deux 8 000 en deux mois ? » Des surnoms surgissent : *La mutante, La Genevoise aux 16 000, Ma E.T., Sherpa Soso, Mon héroïne, Mam'Himalaya.* Perplexité.

Ai-je changé ? Non. Le regard des autres, oui.

Ai-je vaincu le doute ?

Sophie Lavaud est consultante et conférencière à l'Institut Futura 21 de Genève.
En mai 2012, lors de sa première incursion en haute altitude, elle gravit le Shishapangma puis le Cho Oyu.

Jean-Claude Legros

Guide

« Tu seras guide de haute montagne, mon enfant, c'est ce que je souhaite ! J'aimerais tant que tu emmènes et partages, que tu donnes et reçoives, que tu connaisses la montagne et les gens qui l'aiment. Que tu apprennes aussi des parois et des gens. Que tu te saches si loin et si proches d'eux, que tu divises et ordonnes, que tu lises dans leurs yeux et qu'ils perçoivent dans les tiens, le plaisir de l'ordre et du respect. »

Que je sois damné si je mens (je ne parle pas ici des paysans, des ruraux, des natifs – sans connotation ironique ni méprisante, au contraire – qui, par habitude de chasse ou de connaissance des montagnes, emmenaient des personnes sur les hauteurs), je ne connais aucun parent qui aurait imposé à leur enfant ce type de métier qui, bien que (plus tard) rémunérateur, comporte, on le sait, bien des risques. Certes, la tradition familiale existait : dompteur de tigres et de lions dans les cirques ou funambule, voire mineur et autres métiers dangereux : on suivait *papa*.

Il fut une époque où les bergers commençaient à emmener des clients (on disait des promeneurs) dans les alpages parce qu'ils connaissaient les lieux, les sentes, les odeurs, les sites, les endroits d'éblouissement des yeux, les théâtres où les yeux pleuraient. Il fut un temps où la seule beauté faisait sourdre des larmes. C'était le temps de la découverte.

Ils aimaient leur pays et se donnaient à ceux qui avaient l'envie de le connaître. Ils vivaient et survivaient, gentiment. Ils n'étaient pas *guides*, non : ils percevaient de maigres émoluments, provenant de l'envie de celles et ceux qui osaient, avec eux, une nouvelle tranche de vie. Ils ouvraient à la découverte d'autres sites, d'autres lieux, d'endroits inaccessibles par d'autres sans aide. C'était cela, le guide : l'aide à percevoir la beauté. À cette époque, on ne parlait pas encore de responsabilité. Simplement, on faisait confiance à la *connaissance*, au *savoir*, à la *préhension*, à la *compréhension* de la nature.

Du calcul de la vitesse des nuages, de leur forme, de ce qui se disait dans les airs, les guides pouvaient faire demi-tour sur un coup de sang : ils en avaient plein le dos de leur client(e), devaient rentrer pour traire les bêtes, retrouver leurs potes sur le pas de la porte pour boire le coup de rouge, chipoter, les jambes en arceaux, dans les étables. Qu'en avaient-ils à ficher de ces mônchus et dames qui s'en voulaient aller vers les cimes et les cols sinon pour gagner quelque argent. Tout cela a bien changé. Psychologiquement, philosophiquement, moralement, intelligemment.

Le mot guide n'est apparu qu'en 1292 (ancien provençal *guida : celui qui conduit* issu du gothique *ga-widan* : *atteler ensemble*). Qu'est d'autre une attelle sinon un lien, un morceau qui relie, qui réduit une fracture (sans doute celle qui existe – dans le cas qui nous préoccupe – entre la connaissance et la méconnaissance). Le guide de montagne est le lien qui retient la peur, qui la renie. Surtout qui ne la craint pas (ou fait semblant de...). Il connaît ses lieux, jauge l'état de son domaine, le regarde, le perçoit, le sent, le hume, le ressent. En gros, il tente de le posséder. Il le serre dans ses yeux. Il le nuance dans ses actes.

Il aime. Son métier est paradoxal car il est d'aimer se trouver dans des lieux qui seraient si sublimes dans le silence et la solitude. C'est aimer s'y trouver pour partager cette solitude et ce silence. Comment peut-on partager ce besoin de silence et de solitude ? Je me souviens d'un soir, assis devant le vieux refuge du Couvercle. Nous regardions le soleil se coucher sur les Grandes Jorasses. Nous nous sommes regardés. Je me souviens voir posé mon index sur les lèvres. Ce qui voulait dire « tais-toi ».

Que dire d'autre au sommet, sinon ce silence

que le regard provoque. Ce regard, au-delà des mots. Ce très court moment – car il faut descendre une fois le sommet atteint – est fait d'un rien : une poignée de main (On a réussi, c'était bien, c'était dur). Un clin d'œil. Une perspicacité dans la joie de l'autre : le client content ; le guide heureux d'avoir mené à bien l'aventure.

Aussi le guide presque dépité – les conditions climatiques, l'incompréhension du client (cela arrive sans doute), l'incompatibilité d'humeur entre lui et lui. Le célèbre grimpeur belge Claudio Barbier emmena une de ses conquêtes féminines dans une voie de Freyr, la plus célèbre école d'escalade de Belgique. Elle le fit tellement *chier* (pardon) qu'il la laissa suspendue à un piton et continua la voie en solo. Arrivé au café au-dessus des voies, il déclara qu'il « faudrait aller rechercher telle madame dans telle voie, que lui n'en avait plus rien à foutre de cette *connasse* » (encore pardon). Claudio Barbier n'était pas guide. Il guidait. La nuance est là. Entre *guide* et *guidant*.

Le guide assure, rassure, conseille, prévient, aime, anime, fait semblant de ne pas ressentir de douleur, fait semblant de ne pas en baver, est à l'écoute des états d'âme de son client – même s'il comprend que l'amateur n'a pas la même force que lui – n'a jamais de cailloux dans ses souliers, porte un sac plus léger mais qui contient beaucoup plus de choses essentielles. Car il sait.

C'est pourquoi je ne me pose plus la question. Mon guide et moi, nous nous connaissons et nous sourions de la vie que nous menons ensemble, dans l'harmonie de notre connaissance, l'un de l'autre. Une confiance, même si je sais qu'un guide, avec le meilleur client qui soit, grimpe, presque toujours en solo. Cela dépend du client. Un autre mythe.

Jean-Claude Legros est jardinier, poète, écrivain et vice-consul Patagon en pays Hunza.
Derniers ouvrages parus : *Coup de cœur, coup de coke*, JMEditions, 2010, *Les mots de la montagne*, Glénat, 2011. *M'enfuir m'amuse* avec des images de Claude Englebert et des sons de Pirly Zurstrassen, JMEditions, 2011.

Christophe Moulin

Ça engage à travers les âges

Les gorges du Verdon. L'essence de mon escalade. Assis sur le bord de *l'Ancastel*, le vide me coupe le souffle. À tâtons, mes mains cherchent le contact d'un sol que mes yeux ne peuvent regarder. L'univers gris et ocre de l'immense paroi située sur l'autre rive accapare mon regard. *Escales*, tel est son nom.

Dans les années 80, avec mon ami Fabrice, l'aventure était notre maître absolu et nourrissait nos rêves de cimes aux abîmes insondables. Nous avions entrevu des photos d'escalade hallucinantes. Quelques furieux vêtus comme des hippies grimpaient des dalles lisses comme les fesses d'un babouin au-dessus d'un vide sidéral.

La couverture du magazine *Alpirando* nous avait offert un petit bonhomme en salopette blanche agrippé par les phalanges dans un passage improbable et, en fond de décor, le filet vert émeraude d'un Verdon bouillonnant, loin, si loin en bas.

Nos esprits s'imprégnaient de noms de voies cauchemardesques : *Le Dingomaniaque, L'éperon sublime, Le triomphe d'Éros, Mangoustine scatophage, Ulla*.

L'effet fut immédiat. Le week-end suivant nous étions là, tremblotants, balançant notre corde de rappel dans le gouffre, évitant soigneusement de regarder vers l'arrière, vers ce belvédère que nous étions certains de ne plus jamais revoir. Fabrice, me jetant son regard de condamné avant de disparaître, murmurait : « Putain, ça engage ! » À chaque incursion, nos remontées vers le ciel prenaient les mêmes allures de survie verticale où chaque mètre gagné devenait une victoire historique. Jimi Hendrix hurlait *Hey Joe* dans mon walkman et moi j'hurlais : « avale ! » à chaque mouvement. Notre escalade revêtait des habits de gorges nouées, de sueurs froides et d'insomnies pré-Pichenibuliennes.

La réalité du pourquoi nous grimpions m'apparaît aujourd'hui limpide. La valeur n'a d'égale que la mise en jeu. Donc, l'objectif consiste à mettre en jeu ce que l'on a de plus cher au monde. « Ouais, Fabrice, ça engage ! » Les Combattants de l'Alpe des années 50 et jusque dans les années 70 avaient abreuvé leurs récits de termes guerriers et saoulèrent des générations de lecteurs avec les victoires, les retraites, les attaques, les sièges et les assauts. Impossible de lire autre chose. Le message était on ne peut plus clair : « N'y allez pas, c'est au-dessus de vos forces ». On avait vaincu sa peur et on voulait le dire. On avait vu le pire et on voulait que l'univers tout entier le sache. L'escalade était le pays du courage, de la témérité, et du mérite.

Les années 90 furent témoins de la grande mutation. L'escalade troqua ses *Excentrics* et ses pitons foireux contre des goujons et scellements divers. Les grimpeurs échangèrent leurs bandanas et pantalons de peintre contre des collants fluorescents puis des Baggies et des bonnets de laine. Quitter l'esprit de conquête pour le fusionnel à une injonction près : « Engagez-vous » qu'y disaient !

« Alors on fait quoi ? demanda Fabrice, on s'engage ou on dégage ?

— On dégage, l'alpinisme nous attend !

— Mais quel alpinisme ? Celui des années 90 et des lonesome Cowboys ? cria Fabrice.

— Avec les Clint Eastwood dans le rôle du *Bon* ?

— You're right guy ! Dans la vie, il y a deux catégories, ceux qui tiennent les piolets et ceux qui regardent leurs films[1].

— Ah, je vois… Seul avec un S comme Solo, comme Super-héros, comme Sponsor… ça, ça engage ! »

Nous on sait ce qu'on ne veut pas. On ne veut pas de cet *alpinismenstock* aux feutres emplumés rempli de regards bleus des *blonds-ariens-yalalaïtou*. Pas non plus d'un alpinisme hautain levant les bras

[1] *Selon la réplique de Clint Eastwood dans* Le bon, la brute et le truand : *« Dans la vie, il y a deux sortes de types, ceux qui tiennent le revolver et ceux qui creusent… »*

au ciel de son égo florissant sur les arêtes fraîchement *corde-statées* à des fins plus ou moins mercantiles. Pas d'un d'alpinisme sérieux-renfrogné, respectueux de la progression chapitre 3, §2. On veut un alpinisme de montagne et de montagnard avec un D comme Danger, comme Différent, comme Délicat, comme Désobéissant, comme Dégagé, comme D'jeunce ! »

Ah, les années 2000 et le rejet du discours héroïque par les d'jeunces. Mais pour quel autre prêche ? Hein Fabrice, on dit quoi ?

« Ben, quoi...

— Aujourd'hui, on dit comment qu'on a eu peur ?

— Et bien tu dis : *C'était cool* pour on a eu peur mais on a réussi et on est les plus forts ; *pas facile* pour extrême ; *un peu tendu* pour on a engagé la viande ; *ça a géré grave* pour on est des guerriers ; *on a plein de projets* pour donnez-nous du fric ! C'est comme dans les années 50 mais il faut juste traduire.

— Et alors pour finir ?

— J'aimerais bien te parler d'alpinisme engagé. Mais franchement, au milieu de tout ça, j'ai du mal à me situer. J'opterai plutôt pour un alpinisme dégagé. »

Alpiniste de haut niveau, guide de haute montagne, conseiller technique national FFCAM, Christophe Moulin est l'auteur de *Solos*, Éditions Guérin, 2005.

Michel Paccalet

Une sale affaire de sexe et de crime

La dimension verticale est mythique, les grimpeurs le savent ! Pour raconter une ascension hors du commun ou décrire l'exceptionnelle beauté d'une voie à gravir, *mythique* est le terme fort du vocabulaire de l'escalade.

Dans ce défi entre l'homme et la voie, la performance de l'athlète fige l'exploit quand la puissance de l'objectif marque l'inconscient humain. La voie ultime envoûte les sens et bouscule l'imaginaire de la tribu grimpante. Comme le chant des sirènes, une nouvelle voie à gravir attire jusqu'à l'osmose sublime de sa réalisation... ou à l'échec cuisant de son renoncement. Entre l'idéal et le réel, se révèle le mythe !

Au cours des années 80, la folle aventure de la grimpe alpine fit révolution. C'était le temps des grandes ouvertures en rocher. Exit les ascensions classiques par les lignes de faiblesse des parois (fissures, arêtes) : les ouvreurs attaquaient le cœur du granite et ses grands boucliers de dalles lisses et compactes et créaient des nouveaux challenges verticaux hallucinants de difficulté. L'objectif majeur n'était plus le sommet de la montagne, mais

La Voie qui serpente dans sa face. Des défis extrêmes à la loi de la gravité naissaient dans les aiguilles de Chamonix. Inimaginable ou tout simplement impossible au regard des anciens !

Surplombant la mer de Glace, une voie très dure, dénuée de prises, nous défiait tant l'adhérence et l'équilibre y semblaient aléatoires. Sa cotation extrême (ABO/7A/270 m) impressionnait. Son nom sonnait, obscur et mystérieux comme une nouvelle d'Edgar Poe : *Une sale affaire de sexe et de crime*. Étrange écho de ce titre[1] de tragédie en pleine montagne... L'imaginaire des grimpeurs forgea vite la mythologie de cet itinéraire. La magie naquit-elle des formes arrondies et douces du granite lissé par le glacier ? De l'envie folle de tailler cette peau compacte pour créer enfin une prise de main ? De la relation grimpeur-rocher si vite susceptible de mal tourner ? On ne chercha pas à comprendre. Ce nom vibra fort dans nos chastes oreilles, comme un appel à l'assaut.

L'ascension de *Une sale affaire* était un sacré problème à résoudre. Les mouvements d'escalade, osés et engagés entre les protections, étaient à inventer. Passer comme par lévitation ou glisser encore et tomber : tel était le dilemme. Comment ne pas perdre le combat et renoncer, en abandonnant du matériel pour s'échapper du piège. Tel était le défi. Dans le jargon de la grimpe,

[1] *Titre du one-woman show de l'artiste belge Yolande Moreau, spectacle auquel avait assisté Michel Piola peu avant l'ouverture de sa voie. La matrice de ce spectacle servira de scénario au film* Quand la mer monte.

on dit « buter la voie » quand on échoue. Et ça fait mal à l'ego quand c'est à toi que ça arrive !

Mentalement cuits par l'intensité de l'effort, la répétition des essais et des chutes, beaucoup d'entre nous sont rentrés bredouilles de ce combat inégal. Il fallait l'accepter : la difficulté nous repoussait. Elle inscrivait dans la légende verticale le mythe provocant de la voie infranchissable.

Trente ans plus tard, malgré l'énorme progression technique des grimpeurs de la nouvelle génération, *Une sale affaire* garde son statut intact par son style d'escalade atypique. À la lecture de son descriptif dans le topo Piola (l'ouvreur), les candidats à son ascension – s'il en reste – en découvriront la puissance :

« (...) La deuxième longueur est représentative à l'extrême du niveau atteint dans les années 80. Voie mythique, ouverte du bas[2], engagée, elle reste une énigme pour les grimpeurs actuels par l'aléatoire extrême de cette escalade tout en friction... David Chambre et Jibé Tribout l'ont réalisée à vue en 1984, un exploit stupéfiant jamais réédité. Astucieux et déterminés, ils avaient enduit la gomme de leurs chaussons de résine d'épicéa... Cotation 7a, ré-estimée 7c... »

De la résine d'épicéa sur la semelle... L'histoire est mythique aussi à cause de cette fameuse ruse. C'était avant l'invention de la gomme résinée in-

[2] *Ouverture « depuis le bas », pitons entre les dents ou équipement « depuis le haut » pendu à une corde fixe : dans les années 80, le débat fut parfois vif entre les ouvreurs de nouvelles voies.*

dustrielle, aujourd'hui démocratisée sur les chaussons d'escalade. D'autres grimpeurs avaient chauffé leur gomme au briquet pour espérer toucher le Graal de l'adhérence magique…

Difficulté 7c ré-estimée… Je comprends enfin : c'était trop dur pour moi ! Mais d'avoir tenté l'impossible rend encore plus beau le combat du temps passé, « mythique » donc, va pour l'adjectif…

Bientôt, *Une sale affaire* ne sera plus une voie. Couche d'ozone trouée, climat bouleversé, temps qui passe… Là-haut, la montagne se transforme. Le glacier se rétracte, ses rives se redressent. L'accès devient compliqué et instable dans la moraine. La fonte de la mer de Glace laisse apparaître, en dessous de l'attaque originelle, de nouvelles longueurs encore plus lisses, impossibles à envisager en escalade libre. Parce qu'elle perdra finalement son intérêt, les grimpeurs n'iront plus dans cette voie.

De la grandeur à l'oubli, de la lumière à l'ombre, de l'actualité au souvenir, et du souvenir à plus rien, les grandes histoires finissent souvent ainsi. Du mythe au néant…

Grimpeur, Michel Paccalet est responsable marketing & développement chez Millet.

Éliane Patriarca

Le Petit Dru de Walter Bonatti

Désormais ce sont mes plaies qu'ils contemplent, mes cicatrices qu'ils auscultent à distance... Avec, sans doute, un plaisir pervers, celui que l'on éprouve devant un mythe qui a perdu de sa superbe, qui dévisse ou s'effondre... Il y a même un jeune insolent à Chamonix qui s'est autorisé à fouiner dans mon passé, à dénicher mes photos de jeunesse pour traquer mes failles intimes et disserter sur l'origine de mon déclin[1].

Grandeur et décadence... Autrefois, ils m'appelaient... comment déjà ? « La montagne parfaite » ? « Le dernier grand problème des Alpes françaises » ?

Mon profil ouest, le plus pur, les fascinait. « Le désespoir pour l'œil de l'alpiniste » disaient-ils. L'un de ces nains, aux pieds aussi légers que le style, m'a même affublé d'un « noir comme un bourreau[2] » ! Ma verticalité unique, mes mille mètres d'à-pic vertigineux me gratifiaient « d'un halo d'inaccessibilité ». Et pourtant, ils furent nombreux à tenter la conquête, à s'attaquer à mes dalles de protogine, à mes surplombs trompeurs, à ma flèche audacieuse... Pucerons sur

[1] *Ludovic Ravanel, géomorphologue, chercheur associé au laboratoire Edytem (Université de Savoie/CNRS).*

[2] La Légende des siècles, *Victor Hugo.*

l'épiderme d'un éléphant, lilliputiens entêtés à faire de ma masse prodigieuse dressée vers le ciel un piédestal pour dominer le monde.

Il en est un pourtant qui a forcé mon respect. Deux fois déjà, je l'avais repoussé. La première fois, averses, bourrasques de neige et de grêle... « Une diabolique beauté », selon ses mots, devant laquelle il s'était incliné avant de repartir vers le monde des hommes. Puis, j'avais dû déployer toute ma sauvagerie : grondements, tremblements, bombardements... Et pourtant, il était revenu, une troisième fois. Seul, sans aucun de ces outils avec lesquels les autres aimaient à perforer ma carapace...

Je lui ai encore tendu des pièges, je le reconnais : une fissure qui s'avérait trop large, une autre qu'au dernier instant il découvrait n'être qu'une veine compacte de quartz, un dièdre qui le surprenait, une dépression soudaine, des écailles précaires, un insoupçonnable et, croyais-je encore, infranchissable abîme. Entre mythes, il faut bien s'éprouver...

Il ne m'a pas déçu. J'ai testé sa témérité, son obstination durant cinq jours et cinq nuits. J'ai admiré ses astuces, j'ai eu le tournis à force de le voir pendouler devant moi, j'ai rivalisé avec cette tête aussi dure que mon granite, aussi droite que mon étrave. Je l'ai entendu parler, et puis pleurer et chanter.

Il a lutté au-delà du possible, avec acharnement. Il s'est fondu dans la roche, le gel, le vide, jusqu'à devenir une partie de moi-même. Lui et moi, « chose une et indivisible… ». Il ne cherchait pas la conquête, mais le chemin qui le ramènerait à son âme. Auprès de moi, il risquait sa vie pour fuir le néant. J'avais trouvé enfin un frère d'absolu.

Longtemps, j'ai espéré son retour. Mais les mythes ne se retournent pas. Cinquante ans après, je lui ai fait signe, j'ai tremblé de nouveau jusqu'à ébranler et briser mon pilier, ma muraille, pour que plus aucun lilliputien ne mette ses pas dans les siens.

Il n'est jamais revenu.

J'ai continué à m'amputer, à me protéger par le vide… Et quand il est parti rejoindre les nuages que balaie le vent, je n'ai pu m'empêcher de frémir de mélancolie, de gronder de tristesse, de m'écrouler et de me briser en un *tas de cailloux*.

Ce texte est librement et fortement inspiré de :
– *Histoire d'une montagne*, Élisée Reclus, Éd. Babel, 1998.
– *À mes montagnes*, Walter Bonatti, Arthaud, 1962.
– *Montagnes d'une vie*, Walter Bonatti, Arthaud, 1997.

Éliane Patriarca est journaliste à *Libération*.
Dernier ouvrage paru : *Le sport vert*, avec Pauline André, Actes Sud, 2011.

Jean-Marc Porte

Le plus grand alpiniste du monde

Les montagnards – et les montagnes du monde – auraient-ils de la chance ?
Contrairement à bien d'autres domaines (du kayak de mer aux sciences cognitives), une figure s'impose dès que l'on parle de *hauteur* : celle de Reinhold Messner, « le plus grand alpiniste du monde ».
Contrairement aux super-héros de nos BD favorites ou aux personnages de légendes, cet alpiniste italien, né dans le sud Tyrol en 1944, *existe vraiment* comme savent le dire de manière si particulière les enfants. Et il occupe depuis les années 70 la figure du père (héroïque) de la horde des alpinistes contemporains du haut d'une personnalité aussi monolithique qu'une face nord en hiver. Que l'on apprécie ou pas le personnage ne change rien à l'affaire : depuis plusieurs décennies, derrière un sourire éclatant (« carnassier », a écrit la journaliste américaine Caroline Alexander[1]), Reinhold Messner, 68 ans en 2012, est tout simplement *le plus grand alpiniste de tous les temps.*

Par un raccourci de l'écriture, s'appeler Reinhold Messner veut ainsi dire :
– que vous avez édicté, en matière d'alpinisme et

[1] Le meurtre de l'impossible, *National Geographic, 2006. L'une des meilleures interviews de Reinhold Messner.*

d'himalayisme, les règles de la Loi,
– que vous avez intégralement suivi ces règles, tout au long de votre vie d'alpiniste et d'himalayiste, voire tout au long de votre vie d'homme.

Depuis les escalades solitaires sur les parois des Dolomites, jusqu'à l'extraordinaire achèvement que peut représenter l'ascension de la face nord de l'Everest en solitaire sans oxygène, se dégage une série de propositions centrales dans la vie de Reinhold Messner : économie de moyen, discipline personnelle pour atteindre ses objectifs, autonomie voire auto-suffisance en altitude comme en société. Mais la plus dense d'entre elles pourrait se formuler sous cette forme rarissime de nos jours pour les sujets *normalement* constitués (légèrement inconsistants ?) de notre modernité : « Ich bin was Ich tue »[2].

Messner est ce qu'il fait ? Messner est ce qu'il fait ! Et c'est ce qui en fait un mythe indépassable. S'il avait passé sa vie à rater des sommets secondaires, à utiliser l'oxygène sur des voies normales, à ne prendre aucun risque bien à l'abri derrière des séries infinies de spits, ou s'il avait à raconter un seul *bobard* comme nous l'avons tous fait un jour de retour parmi les hommes, Messner ne pourrait pas tenir le discours qui est le sien. Ça ne marcherait pas, ça ne collerait pas. Parce qu'alors, il serait *comme nous*. Juste un alpiniste,

[2] « Je suis ce que je fais », *en ouverture du site web de Reinhold Messner dans les années 2000 (www.reinhold-messner.de).*

comme vous et moi. Il aurait bien sûr un avis sur « l'économie de moyen comme véritable critère de performance en montagne », mais il aurait pourtant un jour ou l'autre tiré sur la corde fixe d'une voie normale ou suçoter un peu d'ox dans un camp d'altitude… Il y aurait alors une faille, un décalage, un clivage, une ombre ou un relief – peu importe le terme – entre le « ce que je dis » et « ce que je fais ». Il serait juste un homme, comme nous, encore une fois. Or dans son cas, Messner peut effectivement soutenir, je dirais publiquement, qu'il n'y a aucun écart entre *ce qu'il fait et ce qu'il est*.

La toute puissance de cette position est assez troublante au fond. Il faut beaucoup d'énergie pour rester au-dessus des hommes (normaux) pour enchaîner une trentaine d'expéditions en haute altitude, réussir – le premier – l'ascension des quatorze sommets de plus de huit mille mètres, entreprendre des explorations et des traversées terrestres majeures, gravir des milliers de sommets (dont 2 000 en solitaire ?). Il y a quelques années, je m'étais permis de relever que les « valeurs » à première vue singulières qui signeraient un *pur alpinisme*, un *alpinisme idéal* comme celui qu'incarne Messner, collaient assez exactement avec les valeurs du sujet (ultra ?) libéral des plaines[3]. Celles d'un individu *autonome,*

[3] De quoi parle le dieu des alpinismes lorsqu'il s'adresse aux hommes, *Montagnes Magazine 271, juillet 2003.*

performant, et qui, sans aide et centré sur ses propres ressources, s'invente (lui-même) et réussit dans son entreprise en se distinguant de la masse. Il a été possible d'en plaisanter : effectivement, en montagne, le matin, ce n'est pas le soleil qui se lève, c'est Messner.

Mais le destin – la vie – de Reinhold est encore plus extraordinaire au fond que ce miroir des discours se répondant entre Terre et Ciel. Depuis ses retours de « la zone de mort[4] », Messner a *presque* découvert Otzï[5] (l'homme des glaces, chasseur émouvant surgi du passé), vu le Yéti, s'occupe de (ses) musées[6] dont le logo entremêle et confond absolument le M majuscule de son nom avec la forme symbolique des sommets.

Reste une question : le plus grand alpiniste du monde est-il encore un homme ? De son extraordinaire trajectoire, Messner, aujourd'hui encore, peut en dire ceci : « Moi-même vivant : je suis la réponse ».

Jean-Marc Porte est journaliste, auteur, photographe (et summiter de l'Everest). Il a dirigé plusieurs magazines dédiés au monde de la montagne et du voyage. Sa meilleure performance en montagne reste (selon lui) une cigarette partagée à 8700 m avec deux sherpas.

Dernier ouvrage paru : *Les cités de la soie de Pékin à Damas*, avec Thomas Blanchin, Arthaud, 2005.

[4] *Concept totalement messnerien.*

[5] *www.iceman.it/en/recovery*

[6] *www.messner-moutain-museum.it*

Dominique Potard

Beau oui comme Berhault[1]

Comme beaucoup d'alpinistes de l'époque, j'avoue avoir été très influencé par le mythique Patrick Berhault. Cela faillit me coûter très cher.

1980 : je suis un jeune guide de vingt-quatre ans qui joue de temps à autre les fiers-à-bras en solo, à Buoux ou dans les Dentelles de Montmirail ; me cantonnant prudemment au 6a et à des voies que je connais par cœur. L'été précédent, le turbo niçois a secoué les neurones de tous les alpinistes avec ses enchaînements déchaînés. Et pourquoi pas moi ? Pourquoi ne pourrais-je pas moi aussi cavaler le long des piliers avec une poignée de raisins secs et deux mousquetons ?

Un beau dimanche matin du mois d'août, me voilà donc descendant la vallée Blanche, un sac d'à peine trois kilos sur le dos (j'ai quand même embarqué un petit bout de corde...). Objectif, le pilier Boccalatte – 1 000 m, D sup – où je n'ai encore jamais mis les crampons. Premier mur, premières chaleurs : c'est coté IV sup sur le Vallot. Eh ben bon gu, ils ont dû se gourer et inverser les chiffres romains. Une vieille corde pendouille dans le passage, que je dédaigne dans

[1] Beau oui comme Bowie, *Isabelle Adjani. Paroles et musique Serge Gainsbourg, 1983.*

les premiers mètres avant de me ruer dessus pour finir la longueur. Pas trop fier de moi. Me voici à la brèche qui permet de basculer en face nord. Changement d'ambiance. J'étais en plein soleil sur du beau granite orange. De ce côté-là, ce n'est que glace, pierres grises et désolation. Et un p… de gaz ! Bon allez, on mollit pas. Je n'ai qu'un piolet – un Charlet-Moser modèle 1965 – mais ça va, la glace est à point, et je gagne rapidement de la hauteur. Le moral des troupes remonte. Ça y est, je suis comme Berhault.

J'atteins ventre à terre le grand couloir central. Une cordée sur le pilier Gervasutti, à ma gauche, m'a repéré. Dans une décontraction parfaite, je continue mon irrésistible ascension. Je suis sûr qu'ils cherchent à mettre un nom sur moi. Et si c'était … ? Les malheureux, s'ils avaient assisté à la suite des événements… Quand j'y repense, encore aujourd'hui j'ai les cheveux droits sur la tête.

Héroïque, mais pas téméraire, j'évite soigneusement la Tour Rouge, me dirigeant vers mon destin, la gorge un peu serrée quand même : le clou du spectacle, le mur de quatre-vingts mètres. Un vrai mur, vertical, en terrain mixte. Deux raisins secs, le regard en l'air. M'a quand même l'air sérieux, c't'affaire !

Crampons ? Pas crampons ? Il y a pas mal de glace, mais j'ai l'impression qu'il est possible de rester sur le rocher. C'est sûr que c'est ce qu'aurait fait Berhault. Grossière erreur d'appréciation. Au bout de vingt mètres, je suis contraint de les remettre, dans une position acrobatique, pour négocier une traversée qui me regarde de travers. J'ai l'impression de ne pas être tout à fait à ma place, paumé seul dans cette muraille lugubre. Bon, on sort la corde. Passée en double autour d'un becquet, elle me donne l'illusoire sensation d'un peu de sécurité. Traversée exécutée dans la plus grande discrétion jusqu'au pied d'une cheminée. « La paroi, déjà verticale, se redressait encore… ». J'ôte mes crampons et rappelle mon cordasson. Retour au solo intégral, impression d'être à poil. Le vide entre mes jambes s'est généreusement creusé : un méchant toboggan de glace, hérissé de blocs, qui plonge droit sur la vallée Blanche. Séance reptation dans la fissure ; si je pouvais disparaître à l'intérieur, ça m'arrangerait bien. Très chaud aux oreilles. Surtout quand je sors du boyau et me retrouve face à un mur verglacé, d'où émergent quelques écailles vaguement calées… Va falloir ménager leur susceptibilité. Le drame se précise au bout de dix mètres de progression funambulesque. Impossible de remettre les crampons, et c'est pourtant ce qu'il faudrait, la glace ayant pris ses aises sur toute la largeur du mur. En ce qui me concerne, question aise, j'ai connu mieux. C'est ballot, la brèche du salut n'est plus qu'à trois mètres. J'en gagne un en me dressant sur un bout de gratton qui a eu la délicatesse de transpercer la vitre. Et maintenant, qu'est-ce qu'on fait ? En tout cas, on fait vite : j'ai le mollet droit un rien agacé. Admettre l'inadmissible. Jeter sur une grosse écaille, un bon mètre plus haut, qui me toise et me dit : « Tiendra, tiendra pas ? ». Un jeter à huit cents mètres du tapis... Si vous pouvez lire ces lignes, c'est que l'écaille s'est montrée bonne joueuse.

Encore quelques bouffées de chaleur au passage de la Crête de Coq et j'atteins sans cocorico le sommet du mont Blanc du Tacul. Cinq heures après mon fringant départ.

Un ami me dira plus tard que c'était la première ascension solitaire du Boccalatte. Première peut-être, mais, c'est sûr, ma dernière course *à la Berhault*...

Dominique Potard est guide de haute montagne, éditeur et écrivain.
Derniers ouvrages parus : *Skieurs du ciel*, Éditions Guérin, 2012 ; *Welcome to Chamonix*, Éditions Guérin, 2013.

Virginie Rajaud-Allaneau

L'edelweiss

Edelweiss, edelweiss... chantait le capitaine von Trapp, à la fin du film *La mélodie du bonheur* avec la pure et courageuse Maria, accompagnée de ses enfants. Qui n'a pas pleuré en regardant la scène ? La « fleur de neige et de ciel », selon les paroles de la chanson, vivait « libre et sauvage », et était invoquée pour protéger « le pays de ses amours » – en l'occurrence l'Autriche au moment où commençait l'occupation nazie. La « reine des fleurs », par une ironie de la Guerre s'appropriant le mythe, servait d'emblème aux anti-nazis... comme aux nazis. Hitler l'avait choisie en 1935 pour honorer la Wehrmacht, et dans l'autre camp, des bataillons de chasseurs alpins l'arboraient aussi comme insigne militaire. Ainsi proclamait-on des deux côtés sa pureté, son courage et sa fidélité patriotique, protégés par ce même talisman alpin qui décorait des uniformes ennemis. Le sentiment patriotique n'est pas le seul amour (ni le premier) symbolisé par LA fleur de montagne. Au Tyrol, la tradition voulait qu'au jour du mariage, le fiancé offrît à sa promise un bouquet d'edelweiss, preuve de son amour éternel, noble, intrépide… et mythique.

Dulcinée parée grâce à l'étoile d'argent de toutes les perfections, la virginale épouse ainsi conquise par l'alpin idéaliste, pouvait apprécier la valeur de l'homme qui était allé quérir pour elle, au péril de sa vie, un tel emblème de sa propre beauté, unique, rare et précieuse. Car en ces temps idylliques, les edelweiss ne poussaient que tout en haut des montagnes les plus verticales.

Extrême limite du risque sentimental, elle était d'abord, selon ma grand-mère, le cadeau fait à la nature par l'invisible *Reine des Neiges* qui s'émouvait à chaque fois qu'un amoureux se tuait en allant cueillir le trésor pour sa dame. Trésor, l'edelweiss l'était aussi pour les artistes de la médecine, bergers inquiets pour les intestins de leurs bêtes, guérisseurs ou druides légendaires aux pouvoirs magiques. Tel Panoramix envoyant l'invincible Astérix en mission chez les Helvètes pour chercher « une petite fleur de montagne, très rare » qui, seule, peut sauver le questeur Malosinus victime de l'empoisonnement d'un méchant Romain corrompu. La fleur mythique est bien là dans mon Astérix des années 70… Mais cet album bouscule aussi certaines légendes de mon enfance : les Gaulois sauvent un Romain et l'invitent même au banquet final, Obélix raconte que l'Helvétie est un pays plat (il n'a pas vu les montagnes pour cause d'ivresse) et surtout, pour la première fois, la quête de l'edelweiss est… comique !

Leontopodium alpinum : tel est le nom savant de l'étoile des glaciers, dûment rappelé au public par une exposition nationale suisse des jardins botaniques de Genève et de Zurich en 2011. Après l'humour, la science subvertit ma belle illusion : d'abord la fleur unique n'en est pas une à proprement parler, mais « le regroupement d'une multitude d'inflorescences minuscules » ; elle n'est pas toujours facilement visible, certes – d'où son aura de rareté et d'inaccessibilité – mais ce n'est pas une espèce menacée (d'ailleurs elle est cultivée pour l'industrie cosmétique et pharmaceutique) ; elle n'est pas du tout d'origine alpine, mais plutôt asiatique (consolation : l'Himalaya c'est quand même de la haute montagne inaccessible !) ; enfin, on dit un edelweiss, voyez-vous, alors tous ces noms féminins… Ce qui me rassure, c'est que l'edelweiss reste un symbole suisse, une célébrité helvético-alpine : sur les produits touristiques, les cartes postales, les tissus, les couteaux de poche… Oui, mais que reste-t-il de nos amours ?

Whymper, lui, ce pionnier des sommets inaccessibles, romantique dans son goût des espaces sauvages, connaissait sûrement l'immortelle des neiges sous son beau nom allemand, Edel : noble, et Weiss : blanc. J'ai appris que ce nom est apparu en 1784, en même temps que se préparait la naissance de l'alpinisme à Chamonix ; près d'un siècle plus tard, la conquête épique du Cervin n'avait d'égale que celle de la petite fleur par les amoureux héroïques. L'image de l'edelweiss, jusque bien avant dans le XXe siècle, était un reflet du mythique âge d'or de l'alpinisme : celui des *Conquérants de l'Inutile*, les vrais, les nobles, les purs, les fervents…

Etoile des neiges, mon cœur amoureux… ah ! quel cinquantenaire nostalgique n'a pas en tête cette fameuse ritournelle chantonnée par Michel Blanc, ridicule prisonnier du télésiège dans *Les bronzés font du ski* ? Le mythe romantique survivait-il encore dans mon fou rire de spectatrice ?

Inaccessible graal de l'Alpe au temps où seuls les pieds, les mains et la corde pouvaient mener aux sommets escarpés, l'edelweiss à l'heure des ascensions motorisées est le fleuron des vendeurs de souvenirs montagnards. Belle apparence du mythe vidé de sa substance, à l'instar de ces beaux immeubles anciens que l'on détruit aujourd'hui par l'intérieur tout en gardant leur avantageuse façade.

Suave métamorphose des larmes de la *Reine des Neiges* à l'époque des Héros de l'Amour, Edelweiss est aujourd'hui le nom d'une compagnie aérienne suisse, de plusieurs Spa de luxe, et d'un Grand Prix de la Cosmétique décerné par un mensuel féminin haut de gamme. Car, heureusement pour moi, l'edelweiss est devenu le secret de l'anti-veillissement ! Comment ? grâce à son pouvoir anti-oxydant, et à d'autres vertus exceptionnelles qu'il doit aux conditions climatiques d'altitude où il s'est développé. L'edelweiss est désormais reconnu scientifiquement comme une plante précieuse, qui, cultivée et transformée par les progrès de la cosmétique, garantira aux femmes soucieuses de leur perfection, le luxe d'une beauté pure et pérenne, sans ride.

Sans rire.

Virginie Rajaud-Allaneau est enseignante d'espagnol et de français langue étrangère, et traductrice. Elle anime des ateliers d'écritures (galeries d'art et milieu scolaire).

Michel Raspaud

Archéologie d'un mythe : la solidarité alpine

L'alpinisme et en particulier la haute altitude exposent à tout un ensemble de dangers : chutes de pierres, avalanches, conditions météorologiques, effet de l'altitude sur l'organisme. Son histoire est marquée par des drames tels que celui du Cervin de 1865[1]. Cependant, des élans de solidarité permettent de sauver des alpinistes en difficulté. On se souvient de l'Annapurna (1950) et de l'aide apportée par leurs compagnons à Herzog et Lachenal meurtris par de profondes gelures. On se souvient du sauvetage des Drus (1966), de la polémique à propos de l'action de René Desmaison et de la naissance du mythe Gary Hemming. On se souvient des tentatives infructueuses pour sauver les jeunes Vincendon et Henry (1957) et leur fin tragique sur le Grand Plateau au pied du sommet du mont Blanc.

Plus récemment (1996), sur les pentes népalaises de l'Everest, Scott Fischer et Rob Hall périssent avec leurs clients : un guide n'abandonne que contraint et forcé ceux dont il est responsable. Ainsi, rentré au camp du col Sud, Anatoly

[1] *Après la première ascension du sommet, quatre des membres de la cordée victorieuse périssent lors de la descente.*

Boukreev ressort dans l'ouragan pour sauver certains égarés à 8 000 mètres d'altitude. Le lendemain, sur le versant tibétain à 8 500 mètres d'altitude, deux Japonais passent près de trois Indiens agonisants qui ont subi la tempête de la veille, sans pour autant s'arrêter pour leur porter secours. En 2006, au même endroit, des dizaines d'himalayistes passaient devant David Sharp, jeune Britannique pourtant expérimenté, qui tentait l'ascension en solitaire : le corps gelé mais respirant encore, bien peu tentent de lui porter secours.

Edmund Hillary stigmatisera cette attitude qui veut qu'un sommet, fût-ce l'Everest, soit plus important qu'une vie. Il rejoindra en cela le Norvégien Jon Gangdal qui déclarait dix ans plus tôt : « L'amitié, les liens avec la nature, le rapport intime qui s'établit avec la montagne ont disparu. Il ne s'agit plus que de monter à l'assaut, comme autrefois dans les batailles. Les grimpeurs doivent atteindre le sommet à n'importe quel prix ; ils sont prêts à piétiner des corps pour y arriver. C'est ma seconde ascension à l'Everest, mais plus jamais je ne reviendrai ».

Sport inventé par les élites Britanniques, l'alpinisme de l'origine exprime des valeurs : en particulier cette solidarité – de classe – et la nécessité de porter secours à un alpiniste en difficulté. Les guides d'alors, tous issus du milieu montagnard, affichent aussi cette solidarité entre eux, et à l'égard de celui qui les rémunère : *nécessité fait loi*.

Cependant, aujourd'hui, les publics et les rapports sociaux au sein de l'alpinisme et plus particulièrement de la haute altitude ont changé. Ce qui constituait un passe-temps élitiste est devenu une pratique qui s'est massifiée, dans laquelle existent des enjeux financiers et symboliques d'un autre ordre, sans négliger sa mondialisation et donc les confrontations entre différentes cultures et éthiques éloignées les unes des autres.

Grimper l'Everest n'est plus un exploit *absolu* comme au temps de Hillary et Tenzing, mais constitue un loisir distinctif. Le coût d'une expédition commerciale (30 000 € ou 50 000 $), que souvent on ne pourra se payer qu'une seule fois, l'investissement physique et mental nécessaire pour réussir une telle ascension, construisent autour des alpinistes un contexte socioculturel particulier. Des rivalités se font jour qui, dans les conditions extrêmes dans lesquelles se retrouvent les grimpeurs, peuvent conduire au non-respect de cette éthique *non écrite* qui invite à la solidarité. Car chacun sait très bien ce à quoi il s'engage quand il entre dans la « zone de la mort[2] ».

Qui plus est, comme dans le cas des himalayistes

[2] *En référence à la littérature de Reinhold Messner qualifiant les ascensions en très haute altitude.*

Japonais qui ne secourent pas les Indiens, des concurrences nationales mais aussi des différences notables de mentalité et de valeurs permettent de comprendre certains comportements : les Japonais n'aiment pas voir la planification du temps et des actions perturbée par des incidents annexes. Ainsi, quoi que l'on en pense, l'*irruption* des Indiens sur leur chemin vient télescoper leur organisation et créer un problème *impensé* qu'il vaut alors mieux ignorer que prendre en compte.

Dans un contexte où l'himalayisme, bien plus qu'autrefois, est devenu une pratique internationale, des confrontations culturelles de ce genre entre une solidarité *mythifiée* et une réalité de terrain ancrée dans le pragmatisme de l'instant, conduisent à des non actes d'entraide dans un environnement dont on ne peut oublier ni mésestimer le fait qu'il est réellement *extrême*.

Sociologue de formation, Michel Raspaud est professeur en STAPS à l'université de Grenoble. Membre du comité de rédaction de la revue scientifique *Mondes du Tourisme,* il est notamment l'auteur de *L'aventure himalayenne. Les enjeux des expéditions sur les plus hautes montagnes du monde, 1880-2000*, Grenoble, PUG, 2003.

Christophe Raylat

Tintin au Tibet

Rencontrer Tintin est un privilège rare. C'est très intimidé que je me suis présenté aux portes du château de Moulinsart pour une brève rencontre avec le plus célèbre reporter de tous les temps. Svelte et alerte malgré ses 95 ans, il m'attendait assis dans un fauteuil Club au milieu de son grand bureau. Les portraits du capitaine Haddock et du professeur Tournesol trônaient sur la cheminée. Tintin était vêtu en toute simplicité de son pantalon de golf et d'un pull bleu léger. Sa houppette blanche ponctuait un visage toujours rond et lisse animé d'un regard éternellement enthousiaste. Il m'invita à m'asseoir face à lui.

Votre aventure au Tibet vient d'entrer au panthéon des *Grands mythes universels*. En quoi cette expérience fut-elle singulière pour vous ?

L'aventure que nous avons partagée avec Haddock et Milou ne ressemble à aucune de celles que nous avions vécues auparavant. Tout d'abord vous n'ignorez pas qu'elle fut écrite alors que mon Créateur, Hergé, vivait un bouleversement dans son existence. Un divorce douloureux et la volonté de reconstruire une vie plus proche de ses idéaux. Entre espoir et culpabilité, il a exprimé dans *Tintin au Tibet* son désir de pureté et de détachement. Cet album est ainsi le seul sans « méchants », sans arme, sans mort. Nous n'évoluions pas dans le mode narratif habituel, je n'avais pas affaire à quelque bandit comme le sinistre Rastatopoulos, non, nous étions dans une histoire toute différente. Une quête et un parcours initiatique. Et je peux vous l'affirmer, cet album était le préféré d'Hergé, il me l'a souvent répété.

L'Académie des Mythes et Légendes a tenu à souligner que votre aventure au Tibet avait un caractère messianique, pouvez-vous nous l'expliquer ?

On a souvent dit que tout au long de cette histoire j'étais habité par un espoir communicatif. Mais dans le fond ce n'est pas tout à fait la vérité. Plus que d'espoir, il s'agissait d'une certitude. Une certitude totale qui ne souffrait l'ombre d'un doute. Je ne croyais pas Tchang vivant, je *savais* Tchang vivant et moi seul pouvait le sauver. Je pense que c'était pour mon Créateur une façon de dire « Je sais, je sais ce que j'entreprends », d'affirmer son choix même s'il allait à l'encontre des bonnes mœurs de l'époque qui ne tolérait pas encore le divorce. Et je suis intimement persuadé que cette certitude résonne en chaque lecteur comme l'écho de ses propres certitudes, enfouies dans l'attente d'un courage capable de les exhumer.

Votre certitude était si puissante que vous sembliez prêt à tout pour la suivre même tourner le dos à vos meilleurs amis. En cela elle revêt un caractère messianique. Une certitude qui dépasse l'idée de soi, pour laquelle on est prêt à sacrifier ce qui nous est le plus cher.
Vous parlez ici du détachement. Assumer ses certitudes, c'est se détacher du jugement des autres et en particulier de celui de ses proches. Mon Créateur vivait un déchirement personnel et nous étions tous les deux dans le même état d'esprit. Lui voulait construire une nouvelle vie, moi je voulais sauver Tchang et nous étions les seuls à croire au bien-fondé de nos certitudes respectives. N'oubliez pas non plus que, de façon plus prosaïque, j'étais face à une urgence absolue. Tchang perdu dans la montagne, je devais parer au plus pressé et je crois qu'au fond de moi j'avais autant confiance en ma certitude qu'en mes amis et vous savez bien qu'en montagne cette relation à l'Autre est à la fois essentielle et sublimée. C'est également ce sentiment qui fait la force de notre aventure et je n'ai jamais douté d'Archibald et de notre indéfectible amitié.

Cette aventure fut tout de même particulièrement corsée pour le capitaine Haddock. Un marin de haute mer, échoué sur les rivages tibétains et qui se fait piller son whisky par un *boit sans soif* de Yéti…
À la fin de son existence, Archibald m'a fait une confidence. Pour lui aussi cette aventure était la plus grande de toute. Plus essentielle même que notre voyage vers la lune. Il me demanda si je lui en voulais d'avoir à plusieurs reprises fait mine de m'abandonner. Mais comment lui en vouloir ? Il risquait sa vie à chaque instant, comment ne pas douter alors que nous avancions dans l'inconnu guidés par le seul fil de ma certitude. Vous imaginez la dose de confiance que cela nécessitait ? Bien sûr il y avait aussi notre vieil ami le Migoo, qui agaçait furieusement Haddock en le délestant systématiquement de son whisky et je crois bien qu'à plusieurs moments critiques, le désir de comprendre à quoi pouvait bien ressembler cet Abominable Homme des Neiges fut pour lui un puissant moteur d'obstination.

Quelle est la place du Yéti dans le mythe de *Tintin au Tibet* ?
Le Yéti c'est l'animal mythologique par excellence. Mi-homme mi-bête, terrifiant lorsqu'on l'évoque et finalement si attachant lorsqu'on le rencontre. Dans la dramaturgie de notre aven-

ture, il incarne la peur de l'inconnu, le rejet de la différence et la défiance de l'étranger. Il est à l'image des peurs qui sont en nous ! Mon Créateur s'est inspiré du mythe du Yéti, très en vogue à l'époque, pour transformer le monstre terrifiant en un sauveteur au cœur tendre, capable de prendre la fuite à cause d'un éternuement d'Haddock. Un être seul, pourchassé par les Hommes qui voient en lui une concurrence inquiétante. Souvent nous parlons de lui avec Tchang. Lorsque je lui rends visite à Shanghai, ou qu'il vient ici à Moulinsart, nous évoquons notre *pauvre homme des neiges* (c'est ainsi que le nomme Tchang) pour en conclure que nous n'avons finalement rien fait pour lui alors que lui a tellement fait pour nous. C'est un regret et une douleur. Et souvent je me demande ce qu'il est devenu…

Cet album est mythique pour un grand nombre d'alpinistes qui se reconnaissent dans votre aventure, comment l'expliquez-vous ?
On peut donner une explication très simple. Dans *Tintin au Tibet*, je vis en quelques jours toute une vie d'alpiniste. La chute dans la crevasse, l'errance dans la tempête, la situation sans issue qui conduit Haddock à vouloir couper la corde pour me sauver, la tente qui s'envole, l'avalanche qui nous emporte, les hautes montagnes hima-

layennes… Il faut habituellement toute une vie d'alpiniste pour être confronté à l'ensemble de ces épreuves et chacune représente à elle seule une expérience suffisamment marquante pour constituer l'anecdote majeure d'un parcours de montagnard. Celle qu'il racontera assidument à ses petits-enfants au coin du feu, sans jamais les lasser.

Les mythes se nourrissent également des images qu'ils convoquent. Des images universelles qui viennent à l'esprit lorsque nous nous confrontons à la réalité. *Tintin au Tibet* regorge de ces images, en êtes-vous conscient ?

Oui, vous ne soupçonnez pas le nombre de lecteurs qui m'écrivent pour me raconter à quel point ils ont pensé à notre aventure en parcourant le Népal et le Tibet. L'image du temple de Swayambhunath lors de leur arrivée à Katmandou, ou celle de la fin de l'album, image nostalgique de notre caravane quittant le Tibet sous le regard triste du Yéti désormais rendu à sa solitude. Tous me disent que ces images sont inscrites au plus profond de leur passion de la montagne et que spontanément elles apparaissent en filigrane à l'heure de partir en voyage. Comme si la ligne claire de mon Créateur dessinait aussi leur lien indicible avec l'altitude. Une pureté, une simplicité et finalement une sincérité aussi difficile à traduire qu'à comprendre. C'est ainsi que s'inscrit un mythe, au plus profond des émotions de chacun. Vous savez, je n'ai pas voulu cela, et mon Créateur non plus. Cette aventure l'a aidé à changer sa vie, elle m'a permis de sauver Tchang, le reste, ce sont les lecteurs qui l'ont écrit.

Écrivain et cinéaste, Christophe Raylat est directeur opérationnel des Éditions Guérin et Paulsen.

Henri Sigayret

Népal et Tibet : lacunes et niaiseries de médias

Années 50. Les rois Shah ont été remis en place par les Indiens et le Népal a ouvert ses portes. Mais la haute administration *bahun*[1] a continué à appliquer une politique protectionniste et a créé de nouvelles interdictions ou des limitations : *permis d'expéditions, de trekking*... Des régions, fermées, ont donc été privées des gains qu'apporte le tourisme. Il est évident qu'un Népal entièrement ouvert aurait conduit à l'étalement géographique d'une certaine richesse et modifié la forme prise par le conflit politique à venir ! Aucun média, à ma connaissance, n'a exprimé cela !

Quel média a précisé par ailleurs les causes et les conséquences de l'engouement des occidentaux pour le Népal et le Tibet ? À une époque où le *sauvage* s'amenuisait et où le savoir élevé effaçait du fonctionnement social la force du religieux, les riches individus des pays industrialisés retrouvaient au Népal et au Tibet, pays soudain d'accès facile, ce dont ils pensaient être privés. Exagérations aidant, ces pays sont devenus des pseudo-édens et leurs habitants des êtres de lé-

[1] *Bahun : de la caste des Brahmanes, caste considérée « pure » et dominant la société népalaise.*

gende. Certes ces femmes et ces hommes étaient accueillants, souriants, courtois… mais n'étaient-ils que cela ? Pas si simple. Accepter la réalité des pays idéalisés, c'est aussi accepter que *nos* Népalais et *nos* Tibétains ne sont pas uniquement les personnes que nous aimerions voir, c'est accepter des regards sans concession qui s'expriment depuis longtemps à contrario de nos mythifications. Gustave Lebon, chargé de mission pour le ministère de l'Instruction publique (1928) assénait sans ambages : « En dépit de leur sentiment religieux, la moralité des népalais est assez faible ; leur manque de sincérité notamment est absolu… Un Népalais ne dit jamais la vérité ». Et l'ethnologue Sylvain Levi[2] d'écrire à propos des Tibétains : « Ils ont bien réalisé le type de l'ignorance crasse ». Comment regarder les pays dans leur totale et souvent, triste réalité ? Comment tenter de sortir des projections d'occidentaux de passage ?

Quel média a décrit le régime féodal de castes du Népal, sa monarchie absolutiste[3], ses inégalités, la déplorable condition de la femme, la misère touchant des millions d'individus ? Seules les instances internationales (ONU, FAO) et les ONG l'ont écrit, l'écrivent sans cesse : « Le Népal est le pays le plus pauvre d'Asie ».

Depuis plus de dix ans, le mouvement maoïste

[2] Le Népal, étude historique d'un royaume hindou, *Éditions Toit du monde et Errance, 1928 et 1985.*

[3] *Abolie le 28 décembre 2007.*

népalais, qui aurait dû être salué par les descendants des Sans-culottes, a été critiqué sans relâche par les touristes. « Ces maos ? Des inconscients qui font payer un impôt révolutionnaire et tuent la poule aux œufs d'or… » chuchotent des trekkeurs qui ne veulent pas s'interroger sur les raisons de leur présence et de leur détermination (tuer, se faire tuer), qui ne veulent pas s'informer sur la misère qui règne sur d'immenses régions du pays à l'écart des quelques vallées qui concentrent les migrations touristiques.

Au Tibet, six millions d'habitants ont été victimes de la colonisation chinoise. Ce drame empêche d'accepter ce qu'était la réalité du régime politique de ce Tibet envahi : théocratie féodale accordant le pouvoir absolu à un dieu-roi, à des seigneurs, aux prélats de l'église des Gelugpa[4]. L'ignorance et l'asservissement au religieux d'un peuple misérable ont été occultés alors que des Occidentaux en recherche de nouvelles valeurs s'extasiaient pour l'exotisme d'une spiritualité du bout du monde (du Toit du Monde).

Et les Tibétains exclusivement adeptes de la non violence ? C'est oublier un peu vite les Khampas, guerriers venus de la province du Kham, qui ont lutté contre l'envahisseur chinois avant de se réfugier en terres népalaises ou au Mustang.

Quel média a un jour décrit *les* bouddhismes,

[4] *Appelée également « école des bonnets jaunes », est la plus récente des quatre grandes écoles du bouddhisme tibétain.*

les complexités religieuses dans lesquelles les Occidentaux ne veulent voir que pensées philosophiques en imaginant s'affranchir de leurs propres religions ? Lequel a expliqué que tous les bouddhismes sont fondés sur la croyance en une forme de métempsychose (migration des âmes après la mort vers un nouveau corps) et que les mahayana[5] étaient de pures religions ? « Avec la forme mahayana, le bouddhisme abandonne sa nature athée[6] » : c'est le retour des dieux et les bodhisattva sont édifiés. Des dieux qui habitent des cimes et sont dotés de pouvoirs surnaturels. Des dieux qu'il faut vénérer, solliciter, craindre, honorer d'édifices (chortens, kanis, tsas). Des dieux au pied desquels il faut se prosterner, pour lesquels il faut placer en tous lieux des indices de dévotion, d'adoration et de respect (lungtas, chotarshings). Des dieux pour lesquels il faut entretenir un clergé intercesseur (lamas, lamatchés).

Quel média, parlant de spiritualité du peuple tibétain, a repris Alexandra David-Néel : « Quant à ce peuple imbu de fétichisme, on a pu dire qu'il était le plus pieux du monde. Mais cette prière formaliste n'a qu'un seul but, obtenir la bienveillance des dieux et des démons, apaiser l'au-delà surnaturel et complexe dont il a peur, et lui demander la réussite et le bien-être ? »

Vous avez dit philosophie ? Nous avons mis des

[5] *Terme sanskrit signifiant « grand véhicule ». Prône l'idéal du bodhisattva : l'adepte s'engage à délivrer, outre sa personne, tous les êtres.*

[6] *Maurice Percheron.*

siècles à nous débarrasser d'une partie de l'emprise chrétienne. Ne doit-on pas se questionner sur le paradoxe à venir chercher ici une spiritualité à base de crédulité, d'idolâtrie et de piétisme ? Doit-on rire ou prendre peur à regarder les pantomimes des Occidentaux de passage dans les fameux lieux de pèlerinages de Bothnath ou Swayambhunath, dans des séminaires ou des retraites, dans la vénération de yogi ?

Silence et idées préconçues, mythes bien établis : les cohortes de touristes *gnian gnian* et de *néo culs-bénis* peuvent continuer de défiler au Népal et au Tibet et discourir sur la compassion bouddhique sańs crainte du ridicule !

En fervent solitaire refusant modes, engouements et hypocrisies, j'ai choisi de vivre au Népal. Pays de grande misère, il est plus difficile d'y vivre que ne le pensent les moutons de Panurge, mais je peux appliquer une compassion simplement humaine sans avoir à prier des divinités.

Ingénieur-conseil, himalayiste (seconde ascension française de l'Annapurna en 1979) et écrivain, Henri Sigayret vit depuis vingt ans au Népal avec son épouse Sherpani et s'est engagé dans l'action d'aide aux populations défavorisées.
Derniers ouvrages parus : *Nepali petit blanc, lexique franco-népali* ; *Pilier 17, des français au népal*, Vajra Publications, 2012.

Christophe Tellier

La corde rouge ou la bleue ?

Est-ce qu'un lien *composé de fils d'une matière textile, tordus ou tressés ensemble* peut constituer un mythe alpin ?
La réponse dépend fortement de son propre niveau de confiance en soi. Davantage encore de celle que l'on donne, ou pas, à celui qui est à l'autre bout de ce lien, à celui qui est « en tête ». Ce héros qui est un mythe en lui-même, le Guide, celui qui possède justement la pleine maîtrise de la corde.

Comme tous les mythes, celui de la corde ne vaut que par sa double appartenance au monde des initiés, celui des alpinistes, et à celui des hommes simplement hommes – de ceux qui marchent, courent, dorment, mangent, meurent, aiment, là-bas au fond de la vallée, sur la plage, dans la plaine, sur les trottoirs de la ville.

Le paradoxe est que ce mythe de la corde de l'alpiniste prend sa dimension mythologique en dehors des Alpes, de la verticalité des parois et de l'absolue beauté du mont Blanc. Il se construit autour d'une série quasi infinie de micro mythes que l'objet polymorphe véhicule impunément, discrètement, dans notre imaginaire.

Il y a :

– La corde à sauter : Celle qui nous renvoie, au choix, dans les cours d'école ou dans une salle de boxe au fond du Bronx. Aucun alpiniste ne veut essayer cette corde-là ! Sauter ne fait pas partie du vocabulaire commun là-haut. Il est plutôt question de s'accrocher…

– La corde raide : Celle qui semble indiquer la probable bascule du bon ou du mauvais côté. L'indicateur de la limite de rupture sociale, financière ou sentimentale… Tout peut s'arrêter.

Et si on l'imagine fixe plus que raide, cette corde peut ravir l'alpiniste : elle le rassure, quel contresens !

– La corde autour du cou : Celle que tous les vieux mariés comprennent mieux que les jeunes mariés aux yeux écarquillés. Celle-ci n'a aucun succès pour les alpinistes. Leur corde à eux est synonyme de liberté et si possible sans limites, en dehors des leurs.

– La corde du pendu : Celle qui effraie le commun des mortels, qu'il semble falloir combattre partout et de tout temps, sans relâche. Atroce sentence. Là encore, le paradoxe s'invite à la table des Alpinistes. Qui a goûté au bonheur d'être le pendu de la corde dans un magnifique rappel, ne peut plus s'en passer ! Plaisir fou et à contre-courant, mais à prendre sans hésiter.

– La corde vocale : Celle qui sans conteste est la plus utilisée de toutes. On préférerait parfois s'en passer… La nature a bien fait les choses : l'alpiniste en est protégé. Dans son univers, la voix ne porte pas bien loin.
– La corde sensible : Celle qui est la plus partagée entre les deux mondes. Personne n'est à l'abri de la sentir vibrer. Et certainement pas l'alpiniste pour qui tout devient perception et émotion dans son domaine ouvert : il est vulnérable de l'intérieur.
– La corde des instruments de musique : Celle qui ne trouve que peu de place dans les fantasmes des alpinistes et très peu dans leurs sacs à dos. Quelques originaux embarrassent parfois les refuges de leur guitare de scout, mais l'instrument monte guère plus haut… Seul un Maurice Baquet pouvait enchanter la vallée Blanche d'un violoncelle surréaliste.
– La corde à nœud : Celle des cours de gym ennuyeux où des professeurs paresseux regardaient grimper leurs élèves tout en haut de ce morceau de chanvre accroché au préau. À bannir des mythologies alpines. Elle fait partie des cauchemars : corde et nœuds sont incompatibles en montagne, nœuds qui semblent apparaître en génération spontanée pour entraver la progression. Le mythe devient angoissant lorsque les deux s'associent.

– La corde lisse : Celle qui n'était pas rassurante dans ce même préau. Épreuve humiliante pour beaucoup d'entre nous. L'alpiniste l'idolâtre, la cajole, la manipule avec douceur, la range précautionneusement ou la lance du haut des parois avec assurance. Il l'aime comme un objet familier qui devient prolongation physique.

– La corde à linge : Celle qui est autant utile qu'inesthétique. Partout présente dans le monde d'en bas, elle ne peut pas exister dans celui d'en haut. L'alpiniste en improvise une parfois, transformant momentanément l'objet du lien en support domestique avec les mousquetons en guise de pinces. Mais jamais elle ne porte ce nom trivial qui tuerait leur propre ego.

Il peut tomber des cordes, cela ne concernera pas l'alpiniste qui reste au refuge à palabrer sur tous ces mythes, quitte à les renforcer. Ce qui intéresse l'alpiniste ? Tenir la corde, être le premier, passer devant. Par précaution, il prend soin de ne jamais tirer sur la corde, on ne sait jamais…

Le guide, lui, garde l'avantage en toutes circonstances, en s'assurant d'avoir toujours plusieurs cordes à son arc. C'est sa façon de se préserver et de ne pas être usé jusqu'à la corde.

Si « un mythe est une parole, un système de communication, un message », la corde de cette cordée qui avance en est une illustration remarquable. Nos imaginaires se nourrissent de signifiants aux portées si étranges qu'elles en sont parfois lourdes.

Et ce lien entre *mon* guide et moi, est chargé d'une mythologie bien plus forte que tous ces symboles visibles de l'alpinisme. Ce lien rassure et angoisse à la fois. Il se tend, se détend, se coince, et, je l'espère, jamais ne se rompt. Il me tient à la vie.

« Au fait, on a dit quoi là-haut ? On tire sur la rouge ou sur la bleue ? ».

Ancien élève de l'École des Psychologues Praticiens, Christophe Tellier est Managing Director du cabinet Russell Reynolds Associates. Il travaille actuellement sur les déclencheurs du Leadership.

Mirella Tenderini

Walter Bonatti

L'alpinisme est un petit monde de passionnés et il n'est pas rare que, parlant avec des alpinistes inconnus, dans des lieux très éloignés de chez soi, on se découvre des amis en commun. Il est encore plus fréquent de découvrir qu'on partage les mêmes références : ces grands alpinistes qui ont inspiré nos premières ascensions et éveillé notre passion. Mais quelles que soient les idoles du moment ou les héros du passé les plus vénérés, partout sur terre où se trouve une montagne à gravir, il y a un nom que tout le monde connait et qui, dès qu'il est prononcé, suscite l'enthousiasme : Walter Bonatti.

Il y a des années, j'ai voyagé dans une bonne partie de l'Europe et de l'Amérique à la recherche de témoignages qui me permettraient de reconstruire la vie d'un autre mythe, sur lequel j'écrivais un livre. Beaucoup d'amis de Gary Hemming étaient de grands ou plutôt, de très grands alpinistes, d'autres étaient des inconnus, simples passionnés de montagne. Mais tous, absolument tous, quand je me présentais comme italienne, s'exclamaient : « Ah, Walter Bonatti ! »

Plus tard, dans les festivals et séminaires internationaux auxquels je participais, j'ai constaté que tous les alpinistes, de toutes les générations, quelle que soit leur nationalité, leur histoire personnelle et leur degré de culture, connaissaient Walter Bonatti. Il est vrai que ses livres ont été traduits dans de multiples langues et publiés dans de nombreux pays. *À mes montagnes*[1] est devenu un livre-culte pour les alpinistes. Mais chaque fois, j'ai été frappée par la facilité avec laquelle Walter était considéré comme un ami, une personne de la famille, même par des personnes qui ne l'avaient jamais rencontré.

En Italie, Bonatti est un personnage public très populaire, au-delà du cercle des alpinistes. Quand il abandonna l'alpinisme extrême en 1965, après sa superbe ouverture d'une voie dans la face nord du Cervin, en solitaire et en hivernale, Walter commença à travailler pour *Epoca*, une revue à grand tirage, l'équivalent italien de *Paris-Match*. Il voyageait seul dans les lieux les plus reculés et sauvages de la planète d'où il envoyait des reportages photos passionnants. Walter était déjà célèbre pour ses ascensions, mais ces articles sur les derniers peuples primitifs ou les dernières contrées inconnues qui allaient être ravagées par un tourisme inconsidéré et banal en quelques décennies, lui acquirent un public encore plus large,

[1] Le mie montagne, *Zanichelli, 1961* ; À mes montagnes, *Arthaud, 1962*.

des lecteurs de tous horizons qui attendaient le samedi avec impatience pour lire un nouvel épisode de ses aventures et se perdre avec lui dans les forêts de l'Amazonie ou les glaciers de l'Antarctique.

Les voyages de Bonatti n'étaient rien d'autre que la continuation de ce qu'il avait fait jusqu'alors en montagne. Pour lui, l'escalade n'a jamais été une activité purement sportive, même quand il se mesurait à des passages sans retour, dans des solitaires extrêmement téméraires, comme l'escalade du Petit Dru en 1955. Une ascension était toujours pour lui un voyage dans un territoire inconnu, un territoire à explorer pour se découvrir soi-même. Un défi à affronter en toute humilité.

Au-delà de la grandeur de ses exploits, c'est son image d'homme seul et sans armes, intrépide face à l'immensité de la nature qui l'a fait aimer d'un grand nombre de personnes. Elles l'admiraient pour son audace et son exceptionnelle bravoure mais se sentaient néanmoins proches de lui parce qu'il avait une dimension profondément humaine dans laquelle elles se reconnaissaient. Son allure, son comportement, le rendaient familier. Tout comme son sourire, son regard lumineux et investigateur, et cette poignée de mains chaleureuse qu'il ne refusait à aucun de ceux qui le saluaient dans la rue.

Je réalise que je parle de Walter comme s'il

était encore vivant. Cela aussi fait partie du mythe. Les héros ne meurent jamais. Il semblait prédestiné dès sa prime jeunesse à devenir un mythe. Je me souviens de lui quand il revenait à la Grigna, la petite montagne de ses débuts, au-dessus du lac de Côme. Je me souviens de ces années dont il a toujours parlé comme de *ses grands jours*[2]. C'était une époque exceptionnelle, de grande ferveur et de fusion. Dans la petite communauté alpinistique qui fréquentait cette montagne, on ne faisait aucune différence entre les meilleurs et les moins bons, de même que ne comptaient pas les différences sociales, culturelles ou de générations. Avec nous, les très jeunes, il y avait de vieilles gloires encore en activité comme Riccardo Cassin et les compagnons de ses plus grands exploits. Nous nous retrouvions chaque dimanche, qu'il fasse beau ou mauvais, les grands alpinistes et nous, les petits passionnés qui faisaient leurs premières armes. Walter s'était déjà fait remarquer par quelques ascensions audacieuses et novatrices comme celle de la paroi est du Grand Capucin en 1951. Mais dans l'atmosphère de fraternité de ces années, comme toujours par la suite lorsqu'il était avec des amis, il se fondait dans le groupe. Pourtant, on percevait déjà les qualités qu'il conserverait pour le reste de sa vie : le courage et la détermi-

[2] I giorni grandi. *Arnoldo Mondadori Editore, 1972* ; Les grands jours, *Walter Bonatti, Arthaud, 1974.*

nation, l'extrême cohérence, et surtout la capacité à rêver et à réaliser ses rêves. Les partager aussi. Dans un monde toujours plus matérialiste, ce n'est pas rien.

Si je cherche une image de Walter, la première qui me revient, pas seulement à l'esprit mais devant mes yeux, comme dans un film, c'est lui, après une soirée en refuge, au retour d'une journée d'ascensions. Après avoir chanté avec les amis et plaisanté avec les filles, il se lève dans un sourire et sans un mot, s'éloigne sur le sentier, dans l'obscurité. Il bivouaquera quelque part en altitude, sous les étoiles, pour se préparer à la prochaine ascension, ou plus simplement, pour être à l'écoute de cette part de sa nature qui le portera à accomplir des exploits formidables. Une veillée d'armes, comme en faisaient les chevaliers d'autrefois.

Texte traduit de l'italien par Éliane Patriarca.

Mirella Tenderini a dirigé une agence littéraire pour livres d'art et est actuellement responsable d'une collection de livres de voyages et d'explorations. Elle est l'auteur de *Gary Hemming, le beatnik des neiges*, Denoël, 1991 et *Le Duc des Abruzzes, gentleman explorateur*, Éditions Guérin, 2009.

Marco Troussier

Le bandeau, mythe annonciateur du changement

J'ai pensé à l'alpinisme que j'ai vécu, puis au Verdon, sa verticalité, ses stigmates de calcaire si reconnaissables et les années d'insouciance auxquelles je l'associe toujours. Mon cerveau agissant une fois de plus à mon insu a fait surgir un mot *bandeau*. J'ai compris le message. Verdon et alpinisme, le lien n'est pas si évident, ou alors comme deux faces d'une même pièce. Le versant sud et le versant nord, la légèreté et la pesanteur. Le bandeau mythe de l'apesanteur, de la presque lévitation, de l'insouciance, de la rapidité, de la légèreté ?

Deux alpinistes sourient à l'objectif. Ils sont au sommet de l'aiguille du Fou et s'apprêtent à rejoindre le bas des Drus par un vol étourdissant et contrôlé en deltaplane. Berhault et Boivin en action. Bizarrement Berhault porte un casque et c'est Boivin, goguenard, qui a tenté de contenir ses boucles dans un bout de tissu coloré. Ils ont gravi la face sud du Fou en cinq heures et ne vont pas tarder à courir vers la vierge qui trône au sommet des Drus. De l'alpinisme ? Sans aucun doute et le bandeau s'impose à l'un de ces deux géants comme l'accessoire indispensable et symbolique de cette nouvelle ère qui s'annonce : l'alpinisme révolutionnaire, décontracté, sans effort et rigolard. Boivin porte un second foulard autour du coup, dandysme ? Évidemment, l'objet, le symbole, le mythe, tout cela imbriqué, malaxé, comprimé fait de ce bout de tissu un objet particulier.

Avant le bandeau des athlètes californiens des années 70, l'escalade existait déjà. Les alpinistes étaient audacieux et particulièrement les rochassiers. Années 30, la tribu des acrobates du caillou n'est pas née sur les flancs des gorges du Verdon, elle a créé son propre mythe sur les parois des Dolomites. Tout est coupé au cordeau, les lignes sont fuyantes, les *Ragni di Lecco*[1] sont des virtuoses qui déjà défient les lois de la pesanteur et laissent la corde, négligemment nouée à la diable autour de leur taille, plonger vers l'abîme tel un fil à plomb. Le couvre-chef ? Il n'y en a pas. Les cheveux sont courts même si des bouclettes apparaissent parfois. Le casque ? Inutile. Tout au plus Cassin porte-t-il un *bibi* tyrolien en loden[2] – qui n'a pas dû recevoir beaucoup de cailloux. *Veni, vidi, vici* et les pierres je m'en tamponne, semble dire Cassin, l'homme des Dolos.

Les années passent. Gaston Rébuffat refuse l'usage

[1] *Célèbre club d'alpinisme du nord de l'Italie qui comptait notamment Riccardo Cassin et Walter Bonatti parmi ses membres.*

[2] *Comme sur les photos de son retour de la première ascension de l'éperon Walker.*

du casque : « Le casque attire les pierres ». Desmaison éprouve le besoin de se couvrir la tête ; on le comprend, lui qui passa 342 heures dans les Grandes Jorasses en hiver.
De l'autre côté de l'Atlantique, une autre génération tente de nouvelles aventures verticales aussi bien sur les grands murs du Yosemite que sur les minuscules longueurs des *shorts climbs*. Les styles de grimpe, la silhouette et la tenue des grimpeurs subissent une révolution. Jimi Hendrix, en 1968 à Woodstock, est monté sur scène avec une tignasse ébouriffée à peine contenue par un mince bandeau. *Band of Gypsys*[3].

Grimpeurs avec bandeau, l'alpinisme contaminé ! En Californie, les grimpeurs fument des joints, sont débraillés « à la Jimi Hendrix » – encore lui, et les hippies portent naturellement le bandeau aux couleurs psychédéliques. Jim Bridwell, fer de lance de cette génération et meneur d'une troupe d'athlètes du rocher, laisse aussi son empreinte sur le granite fauve de la Patagonie. Le lien est fait. Le bandeau donne des pouvoirs supérieurs. Plus qu'un talisman, c'est un adjuvant. En avoir ou pas, le porter ou le refuser. L'héraldique du grimpeur met en avant ce bout de tissu comme une particule visible par tous, un signe de reconnaissance. Il y a là de l'assignation statutaire et du « noblesse oblige », une

[3] *Album live de Jimi Hendrix enregistré le 1er janvier 1970.*

sorte de violence symbolique.

À Chamonix, les jeunes alpinistes se retrouvent au pied d'un bloc erratique, la Pierre d'Ortaz. Ils plantent leurs tentes sur le vague terrain alentour. Plus qu'un simple camping, ce champ au coût de séjour modeste (on paie à la journée, quand on paie), reçoit la visite des plus démunis de la jeune génération qui monte. Ce nouveau *champ* de l'alpinisme est le passage obligé de cette génération qui veut prendre sa place dans l'histoire et ne sait comment le faire. Elle tente de gravir les montagnes à sa façon, avec ses méthodes, ses outils, ses modes. Et le bandeau s'impose avec ceux qui le portent même au sein de la plus canonique et sanctifiante demeure qu'est l'Ecole Nationale de Ski et d'Alpinisme. Le corps professoral contaminé, on ne distingue plus le stagiaire du maître, la distance entre les deux semble (presque) abolie.

Le bandeau est donc un étendard qui annonce l'irruption du mythe de l'escalade libre, le culte de la vitesse et de l'entraînement, y compris dans le monde de l'alpinisme. On imagine aisément Berhault et Edlinger – qui ont commencé leur carrière au fond du glacier Noir un jour d'hiver en réalisant dans une course folle, légère et intense la première répétition de la voie des Plaques en face nord de l'Ailefroide – le front ceint de leur bandeau magique et juvénile. Le mythe de l'inaccessible en prend un coup, la nouvelle génération semble avoir changé d'espace-temps et, comme dans un roman de Murakami, ce n'est plus un monde à la lune unique qu'ils contemplent, mais un monde qui contient brusquement tous les espaces du possible. Le bandeau tente d'établir durablement un mythe fait de légèreté et d'impertinence face aux dangers et aux difficultés anciennes. Le grimpeur pur, de Bleau, des Dolomites ou des Calanques, a toujours recherché la simplicité, la rapidité, l'économie. L'alpiniste suit cette voie et le fait avec un bandeau dans les cheveux. Une allégorie peinte montrerait un *David* sculptural, sautant de montagnes en montagnes.

Le maréchal des logis Chéré[4] avait déjà introduit l'alpinisme métronomique et chronométré. Berhault impose le bandeau et son style avec panache : il court dans les parois, les monte, les descend, change la façon d'appréhender les montagnes ; on peine à comprendre ce qu'il fait vraiment. On voit Berhault, on voit son bandeau, il le ceint devant la caméra de Laurent Chevallier. Sur d'autres terrains, le rocher pur et les médias, Patrick Edlinger introduit dans l'imaginaire collectif le mythe du grimpeur presque dénudé, sobre, les muscles saillants, et le bandeau est l'ac-

[4] *Alpiniste emblématique de la fin des années 70, aux horaires aussi rapides que la carrière fugitive.*

cessoire indispensable de ce dénuement. Mythe moderne du risque-tout qui s'oppose sans doute aux matérialistes qui boursicotent. La Rolex, le bandeau, qui a fait quoi ? Qui a réussi quoi ?

Une autre image. Everest, 1978. Des alpinistes français foulent enfin le sommet du Toit du Monde. Debout, un jeune homme (Jean Afanassieff) sourit, cheveux longs, un bandeau sur le front, apex de la légèreté et de la décontraction.

Et si cette histoire de mythe, si ce lien qui enserre le front n'était que l'image revue et corrigée d'un mythe encore plus ancien ? Une sorte de réplique moderne ? Antiquité grecque, jeux olympiques : le vainqueur porte ceint sur le front une couronne de lauriers, la marque du vainqueur. Le vainqueur ne reçoit rien d'autre. Vraiment ? En fait, il devient mythique et traverse les âges !

Marco Troussier est guide de haute montagne et conseiller technique national auprès de la FFME. Grimpeur, jazz fan et grand lecteur, il est l'auteur de *L'abécédaire de l'escalade* et *Le vent des errances*, Ibex, 2012, Prix du Pays du Mont-Blanc du Salon du Livre de Montagne de Passy 2013, mention spéciale roman.

Guide de haute montagne, François Damilano partage sa vie d'altitude avec ses clients sur les sommets des Alpes et de l'Himalaya.
Passionné d'écriture et d'image, il a publié de nombreux ouvrages comme auteur ou comme éditeur. Note d'exploration, compte-rendu d'ascension, réflexion d'altitude : pour lui les gens de montagne sont aussi des gens de plume. Comme si l'indicible d'en haut ne trouvait que les mots couchés sur le papier pour prolonger l'émotion vécue sur les sommets.

Cet ouvrage n'existerait évidemment pas sans la générosité de chaque contributeur qui a donné un peu de son encre, de son imagination, de sa sensibilité et de son temps en acceptant de se plier à l'exercice proposé. Qu'ils en soient ici chaleureusement remerciés. Leur enthousiasme et leur disponibilité ont été un précieux soutien dans un cheminement parfois aussi aléatoire que la traversée d'un glacier crevassé recouvert de brume...
Merci également à Jérôme Garcin pour ses encouragements au moment de la genèse de ce projet.

La couverture de *Mythologies Alpines*
a été créée par Carla Talopp.
www.carlatalopp.com
Photo Monica Dalmasso.

Imprimé par :
XLPRINT & MAILING - St-Etienne (42) - France
N° d'imprimeur
P400197

JMEditions
93 chemin du vieux guide
74400 – Chamonix Mont-Blanc
jmeditions@wanadoo.fr

Dépôt légal : novembre 2012

Imprimé sur papier
100% recyclé CyclusOffset